生命力课堂的教学艺术

主　编　唐继东

副主编　苟斌娥

编　委　黄小春　曾海霞　罗玉冰
　　　　熊晓羽　袁　银　向　宇

ZHEJIANG UNIVERSITY PRESS
浙江大学出版社
·杭州·

图书在版编目(CIP)数据

生命力课堂的教学艺术 / 唐继东主编.— 杭州：
浙江大学出版社,2022.10
ISBN 978-7-308-23043-8

Ⅰ.①生… Ⅱ.①唐… Ⅲ.①课堂教学－教学研究
Ⅳ.①G424.21

中国版本图书馆 CIP 数据核字(2022)第 169602 号

生命力课堂的教学艺术

唐继东　主编

策　　划	郭慧莹	
责任编辑	王同裕	
文字编辑	胡宏娇	
责任校对	万雅昕	
封面设计	王李霞	
出版发行	浙江大学出版社	
	（杭州市天目山路 148 号　邮政编码 310007）	
	（网址:http://www.zjupress.com）	
排　　版	杭州朝曦图文设计有限公司	
印　　刷	杭州宏雅印刷有限公司	
开　　本	880mm×1230mm　1/32	
印　　张	9.5	
字　　数	238 千	
版 印 次	2022 年 10 月第 1 版　2022 年 10 月第 1 次印刷	
书　　号	ISBN 978-7-308-23043-8	
定　　价	49.80 元	

前　言

21世纪是"知识社会"的时代，"真实性学力"成为这个时代的核心技能。随着课程改革的不断深化，核心素养的提出，使得课程目标、课程体系结构、课程内容发生了显著变化。随着2020年《普通高中课程方案和语文等学科课程标准》的重新修订，2022年《义务教育课程方案和课程标准（2022年版）》的颁布，基于核心素养的课程转型进入了课堂实践的深水区，课程实施已成为课程改革的关键环节。核心素养导向下的课堂教学注重挖掘学科知识本身的育人价值，要求鼓励学生通过知识内容去把握、洞察、挖掘其所蕴含的思维方式、认识方法、价值观等。如何保障新课程标准理念和要求有效地落实于教学实践？如何保证课堂教学与课程标准的一致性？如何实现学生核心素养培育的落地？如何提高课堂效能实现减负提质？这些问题是我们一线教师最为关心的问题。

针对这些问题，新课程改革下涌现出了丰富多彩的课堂理念，如高效课堂、和谐课堂、生态课堂、卓越课堂、思维课堂、诗意课堂、生命课堂等。这些课堂的侧重点可能各不相同，但它们都指向一个共同目标：有效教学和一堂好课。为了在纷繁复杂的课程改革大潮中努力寻找出高质量发展的突破口，我在总结自身27年教学经验的基础上，结合核心素养要义，提出了"充满生命力、高效率、打动人心"的生命力课堂，旨在帮助教师准确定位课堂教学中的核心要素和关键环节，推动以学生学习为中心、以学生核心素养培育为目标的教学改革。

特级教师吕志范曾提道："课堂教学是一种特殊艺术，这不是翻翻课本、写写教案就可以交差的。因为,它要创造出某种意境、氛围和格调——境;它需要表露某种情感、情绪、情趣——情;它要传递某种意念、思想、观点、法则——意;它要培养某种应用、操作、实践能力——能;它要进行某种习惯、技巧、方法的指导——法。这五个要素要求教师具有某种艺术家的气质、禀赋、灵感和才华。"我在构建生命力课堂时,一直遵循"后现代课程观""人本主义""建构主义""深度学习"等教育教学理念,注重将教育规律和教育艺术有机结合,让生命力课堂成为教师精神生命的延伸点,学生生命成长的着力点。

本书最大的特点就是力求深入浅出、简明扼要,将理论联系实际,注重学以致用。本书包括三个部分,第一部分为"生命力课堂的概述",详细阐述了生命力课堂的定义、特征和理论依据,提出了生命力课堂的"八力"标准,即教学内容渗透思维力、教学进程保持持续力、课堂育德浸润情志力、课堂秩序体现组织力、课堂体验感受愉悦力、课堂氛围充满吸引力、现代技术发挥支持力、课堂达成体现生长力,为课堂教学改革提供了操作路径,为课堂教学评价提供了明确依据。第二部分为"生命力课堂的实施路径",本书依据生命力课堂"八力"标准系统性地构建出生命力课堂的有效教学路径和实施策略,总结出一批具有代表性、典型性、可迁移的经验,并给出了相应的教学片段案例,这些丰富的案例让生命力课堂理论和课堂实践有机地融为一体,让核心素养的培育从观念走向了行动。第三部分为"生命力课堂的优秀教学设计"。书中分享了学校近三年来部分教师在区级及以上优质课比赛中获奖的课堂案例,这些案例涉及语文、数学、英语、地理、生物、历史、政治、化学等多个学科,初中和高中两个学段,可为一线教师教研教学提供参考。

生命力课堂强调以新课程标准为基础,通过筛选、研究、反思教学目标、教学设计、教学过程、教学行为、教学组织、作业设计等方面的优秀教学经验,构建课堂新生态,让学生的成绩、能力、人格、素质得到全面提高,符合现代教育教学改革发展的趋势和方向。生命力课堂实施三年来,礼嘉中学的教师中有8人参加全国优质课展评,15人在重庆市优质课大赛中荣获一等奖,30人在两江新区优质课比赛中荣获一等奖。2021年,《课堂有生命,教学有温度——礼嘉中学生命力课堂探索实录》在中国教育报上发表。《课堂"活"起来,学生"长"起来——重庆市礼嘉中学生命力课堂助力核心素养培育落地》被新华网专题报道。重庆市委教育工委第五届教育综合改革试点项目《基于课程标准的生命力课堂教学评一致性研究》成功结项。《新课程新教材背景下的生命力课堂构建与实践研究》成功立项重庆市教育科学"十四五"规划2021年度课题。学校接待了来自万州、巴南、大足、石柱等重庆市内及山东、河北、安徽、陕西、黑龙江、云南、甘肃、宁夏、吉林等市外教师研修团队来校考察学习。

相信,在生命力课堂的指导下,在"教"与"学"的创新转变中,师范专业的学生或一线教师读者对于新课程标准的理念和要求认识会更加深刻,教学设计水平、课堂教学能力亦能得到显著提高。

课堂教学研究一直在路上,这本书只是生命力课堂教学项目研究的阶段性总结。在本书出版之际,衷心感谢关注和支持生命力课堂建设的朋友们!以及礼嘉中学的全体教师!本书的出版只为抛砖引玉。水平有限,希望广大教育工作者提出宝贵的意见和建议,让生命力课堂的内涵随着研究的深入,不断丰富和完善。

唐继东

2022年7月

目录 Contents

第一部分　生命力课堂概述

第一章　生命力课堂提出的背景 ……………………………… 3

第二章　生命力课堂的定义 …………………………………… 7

第三章　生命力课堂的理论基础 ……………………………… 17

第二部分　生命力课堂的实施路径

第四章　教学内容渗透思维力 ………………………………… 23

　第一节　教学内容渗透思维活动 …………………………… 25

　第二节　典型案例：初中历史《智与治：三国鼎立》 ……… 40

第五章　教学进程保持持续力 ………………………………… 51

　第一节　教学进程符合认知规律 …………………………… 53

　第二节　典型案例：初中生物《二十四节气之霜降》 ……… 65

第六章　课堂育德浸润情志力 ……………………………… 73
　　第一节　课堂育德涵养道德品格 ……………………… 75
　　第二节　典型案例：高中历史《南京国民政府的统治和中国共
　　　　　　产党开辟革命新道路》 …………………… 91

第七章　课堂秩序体现组织力 …………………………… 101
　　第一节　课堂秩序体现组织规则 …………………… 103
　　第二节　典型案例：高中英语"Subjunctive Mood in If-clause"
　　　　　　 ………………………………………………… 118

第八章　课堂体验感受愉悦力 …………………………… 125
　　第一节　课堂体验丰富认知情感 …………………… 127
　　第二节　典型案例：高中生物《特异性免疫》 ……… 138

第九章　课堂氛围充满吸引力 …………………………… 147
　　第一节　课堂氛围充满生机活力 …………………… 149
　　第二节　典型案例：初中地理《根据地图和其他资料说出某国
　　　　　　家种族和人口（或民族、宗教、语言）等人文地理要素
　　　　　　的特点——以巴西为例》 ………………… 160

第十章　现代技术发挥支持力 …………………………… 169
　　第一节　现代技术助力情境交互 …………………… 171
　　第二节　典型案例：初中数学《有序数对》 ………… 187

第十一章　课堂达成体现生长力 ………………………… 197
　　第一节　课堂达成立足核心素养 …………………… 199
　　第二节　典型案例：高中地理《水和盐的故事》 …… 212

第三部分　生命力课堂的优秀教学设计

教学设计一　喀斯特地貌 ·· 225

教学设计二　主要地貌的认识 ··· 238

教学设计三　擦亮眼睛防诈骗　保护信息记心间 ············· 244

教学设计四　Sharing—"A Letter Home" Teaching Design ······ 248

教学设计五　A Letter of Complaint ································ 256

教学设计六　指数函数 ·· 260

教学设计七　DNA 的复制 ·· 267

教学设计八　芒种 ··· 274

教学设计九　牛顿三定律 ··· 281

教学设计十　篮球传切配合 ·· 288

第一部分

生命力课堂概述

第一章
生命力课堂提出的背景

一、课程改革的要求：知识本位转向素养本位

21 世纪的社会是一个飞速发展的社会，是一个政治经济结构发生重大变化的社会。世界多极化、经济全球化深入发展，科技进步日新月异，人才竞争日趋激烈。当今世界，"真实性学力"成为这个时代的核心技能。半个世纪以来，联合国教科文组织发布了一系列重要的、里程碑式的教育文件。2003 年，联合国教科文组织着眼于 21 世纪以人为中心的可持续发展提出了"五大学习支柱"，即学会求知、学会做事、学会共处、学会发展、学会改变，并把它作为"21 世纪社会公民必备的基本素质"。2013 年，联合国教科文组织与美国著名智库机构布鲁金斯学会联合发布了《向普及学习迈进——每个孩子应该学什么》的研究报告，提出检测学生学习成果的七个维度，即身体健康、社会情绪、文化艺术、文字沟通、学习方法与认知、数字与数学、科学与技术，这七个维度凸显思维能力、社会性能和信息技术能力的培养，形成了核心素养的基本框架。2015 年，联合国教科文组织发布《反思教育：向"全球共同利益"的理念转变？》，首先，报告运用人文主义的视角与方法，对"知识""学习"和"教育"的概念进行重新界定，将知识广泛地理解为通过学习获得的信息、理解、技能、价值观和态度，注重学习的非认知能力培养；其次，报告指出，"学习既是过程，也是这个过程的结果"，突出了学习的过程性。再次，报告指出："教育可以理解为有计划、有意识、有目的和有组织的学

习。"2021年,联合国教科文组织又发布了《共同重新构想我们的未来:一种新的教育社会契约》,报告提出教育的内容不仅包括文化科学、信息技术、共享知识,还应扩展到团结协作、同情关爱,教学方法要围绕合作、团结和协作的原则进行组织。

其间,经合组织 DeSeCo 报告指出了核心素养的三项基本类型,即能互动地使用工具、能在异质社会团体中互动、能自主地行动,强调人与自然、人与他人、人与自我之间的和谐关系。欧盟、美国、英国、日本等国家和地区也相继提出了自己的核心素养指标体系。2014年,我国首次提出研究制订学生发展核心素养体系,把课程改革作为落实立德树人根本任务的一个重要抓手和突破口。2016年,中国学生发展核心素养总体框架正式公布,它以培养"全面发展的人"为核心,从文化基础、自主发展、社会参与三个方面,凝练出人文底蕴、科学精神、学会学习、健康生活、责任担当、实践创新六大素养,明确把核心素养的内涵界定为"学生应具备的适应终身发展和社会发展需要的必备品格和关键能力"。它是关于学生知识、技能、情感、态度、价值观等多方面要求的结合体;它指向过程,关注学生在其培养过程中的体悟;注重道德品质和社会责任,重视身心健康和自我管理,倡导交流合作,鼓励实践创新。[1] 随着 2017 年《普通高中课程方案和语文等学科课程标准(2017 年版)》的颁布,2020 年重新修订,学科核心素养的提出,使得课程目标、课程体系结构、课程内容发生了显著变化。基于核心素养的课程转型进入了课堂实践的深水区,课堂变革已成为课程改革的关键环节。核心素养导向下的课堂教学注重挖掘学科知识本身的育人价值,要求鼓励学生通过具体的知识和内容去把握、洞察、挖掘其所蕴含的思维方式、认识方法、价值观等。

课堂的变革单靠个别教学方法的改良或是教学环节的调整都是无济于事的,需要有整个课堂愿景的构图。[2] 为了保障新课程标准理念和要求有效地落实于教学实践,保证课堂教学与课程标准的一致性,礼嘉中学在借鉴我国优秀的课程教学改革经验的基础上,立足学校实际,开启了生命力课堂教学改进项目,旨在通过生命力课堂教学范式的构建来促进课堂转型,实现学生核心素养培育的有效落地。

二、学校文化的积淀:教学主张彰显办学特色

礼嘉中学肇始于1942年,由爱国将领冯玉祥将军创办。80年来,从民办到公立,从初级中学到完全中学,从普通中学到市级重点中学,一路砥砺奋进,坚韧前行。古人云:"国有贤良之士众,则国家之治厚;贤良之士寡,则国家之治薄。"教育关系着人的发展,关系着国家和民族的未来,它是一项面向未来的事业。礼嘉中学始终坚持"为党育人、为国育才"的初心与使命,围绕"培养什么人、怎样培养人"的时代之问,以未来社会需要的人才为依据,结合古今中外教育思想,进行了系统化思考,提出了"成长学生、成就教师、成功学校"的办学理念。成长学生,就是要让学生在格物致知中涵养品格,德才兼备,全面发展;成就教师,就是要让教师在传道授业中厚德精学,乐育善教,桃李天下;成功学校,就是要让学校在价值追求中勇担使命,积淀文化,传承文明。同时,学校进一步提出了培养"5+1"的适切未来的人的育人目标,"5"指阳光心理、强健体魄、优良人品、真挚友朋、美雅生活,"1"指优异学业。依据育人目标,学校围绕学生发展核心素养的三个方面、六大素养构建了集基础性课程、拓展性课程、综合性课程为一体的校本课程体系,开设了学习动力课程、强基计划课程、生活素养课程、大阅读课程等110余门拓展课程;打造了足球、篮球、跳绳、羽毛球和田径、啦啦操、拳击、游泳八朵体育金花;建设了茶艺、交响乐、京剧、合唱、排箫等28个学生美育社团;构建了以"秋实农场"为基础的"学种研销悟"一体化劳动教育课程;举办了人文节、体育节、艺术节、科技节、生活节校园五节活动。丰富、多元、优质、有品的校本课程使得学生思维得到提升,潜能得到

激发,个性得到张扬,情感得到升华。

为进一步全面落实立德树人根本任务,让课程更好地在课堂中得到有效实施,唐继东校长在总结自身教学经验的基础上,将教育规律与教学艺术有机结合,依据核心素养的内涵凝练出富有激情、生动、深刻的生命力课堂教学主张,提出了"思维力、持续力、情志力、组织力、愉悦力、吸引力、支持力和生长力"为特征的"八力"标准,致力于学生素养的培养。生命力课堂的提出,旨在进一步帮助教师准确定位课堂教学中的核心要素和关键环节,通过探究性、协同性、反思性的学习活动,让学生亲身经历知识的发现、形成、发展的过程,掌握学科核心概念、思想方法,形成正确的价值观和社会责任感,进而提升学生的文化水平和精神境界,推动以学生学习为中心、以学生核心素养培育为目标的教学改革,助力新课程改革理念有效地在课堂落地,办好人民满意的教育。

第二章
生命力课堂的定义

一、什么是"生命力"

中华在线词典对"生命力"的界定是：维持生命活动的能力；生存发展的能力。英语 Vitalitas：活力，生机。英语中的生命力主要指生命具有的生机和活力，没有活力的事物则无所谓生命力。希腊哲学家亚里士多德认为，生命与一个独特的力量有关，这种力量不能离开生命而存在，他将此力量称为灵魂。生命物体的一切活动都由其"灵魂"支配，即"活力"支配。由此可见，生命力，就是维持生命体存在和发展的能力，它是意识形态的客观存在，蕴含于生命系统之中，表现为同一系统内各元素之间的相互作用以及不同系统之间的相互作用；生命力是衡量生命强度的标尺，反映了生命系统内在的、自发的能动性。[3]

教学作为一个特殊的社会活动系统，是由相互关联的教师、学生、内容与环境等空间结构性要素和理念、目标、内容、组织、方法、评价等时间进程性要素构成的特殊复合体。[4]课堂教学作为一个社会系统，以学生发展为本，重在培养学生面向未来的关键能力和必备品格。核心素养导向下的生命力课堂就是将课堂看成一个具有生命活力的有机体，所有活动都围绕教育目标的实现而展开，正是这种明确的目标导引，课堂教学才得以呈现出一条清晰的教学主线。这条主线则是它的"灵魂"。德国著名的教学法专家迈尔曾将其作为第一条优质课堂标准。"师生均能较好地认识到有一条'红线'贯穿于整个课堂。"正是灵魂"主线"的存在,使得教师的课堂教学不再是随意而为,而是有清晰的目标和结果的指引,有清晰的教学结构。[5]这样的课堂从学习目标、内容、活动、评价设计等方面均呈现出内在的一致性和基本的节奏感、和谐感,进而成为一个不断自我演化、完善、可持续发展的课堂,成为一个具有生命活力的课堂。

由此,课堂的生命力就是维持学生全面健康发展的能力,是教学各环节、各要素之间相互协调、共同作用下呈现出的一种有序、协调、向上的生命状态,是不断丰富学生精神生命内涵的一种力量,是教育规律与教学艺术的和谐统一,是师生精神生命的完美呈现。

二、生命力课堂的界定

钟启泉教授指出,课堂是世界的缩影,它是制度化的场域,是知识建构的场域,是形成并维系多重社会关系的场域。[6] 所以,生命力课堂是由教师、学生、教学内容、教学目标、教学环境等要素有机整合,构成的一个充满意义、具有生命活力、和谐统一的生态系统;是在教师系统地组织、设计和引导下,学生在多向而有效的互动、对话、探究情境中进行有深度的学习,自主实现生命成长的动态场域。生命力课堂具有以下特性。

(一)生态性

生命力课堂是内在协调一致、和谐统一的生态系统。因此,生命力课堂的基础特征就是生态性。所谓生态,即健康的、和谐的发展状态。包括和谐、民主、开放、平等、自由、协同等生态要素。学习不仅是个体获得知识与能力的过程,同时也是人际交往的过程。师生双方相互交流、相互沟通、相互理解、相互启发、相互补充。"独学而无友,则孤陋而寡闻。"缺少交流的学习很难产生思维的碰撞和创造的火花。生命力课堂坚持"教师主导、学生主体",把课堂对话作为理解课堂教学规律以及推动课堂转型的重要切入点,作为培养学生高阶思维方式、创新能力以及提升学生综合素养的重要抓手。教师引导学生同教科书对话、同媒体素材对话、同他人思想对话、同自己内心对话;通过运用包容型对话、批判型对话、辩论型对话等多元对话模式,创设适宜的问题情境,让学生产生质疑、批判、推理等深度学习思维活动。师生之间、生生之间围绕教学中的重点、难点问题,主动表达自己的见解,提出自己的疑问,倾听他人的观点和意见,并作出自己的评价和判断。通过探究、讨论、沟通,开拓学生的思维,促进学生多角度、多方面加深对问题的理解,提高学习效率。这样的课堂拥有一种多元、开放、民主的教学环境和平等、和谐的师生关系;师生、生生之间实现共享共进、协同发展。

(二)鲜活性

生命力课堂是具有生长活力、充满生机的生态系统。缺乏生命活力的课堂是死板的、枯燥的、低效的课堂。因此,生命力课堂的重要特征就是鲜活性。鲜活指新鲜生动,有活力,充满生机。如办学活力、教师活力。"活力"一词正成为继"公平"与"质量"之后,评判高质量教育体系的重要维度。鲜活性作为生命力课堂的重要特征,体现为一个"活"字,一方面表现为对知识的活现、活化、活用。知识的"活现"体现为通过创设鲜活的、有温度的活动或情境,把"静态"的知识转化为动态、丰富的认知材料,让学生"亲身经历"知识的发现、形成、发展的过程。这样的活动或情境不是枯燥乏味的,而是能够激活学生思维的,是理智与情感共存的。知识的"活化"体现为让学生进行充分的思辨,并在质疑、推理、反思、感悟等思维操作、情感体验过程中,通过高度抽象、符号化的知识去感知、认识客观事物,形成自身的思维方式与解决问题的基本能力,并养成正确的社会价值观。知识的"活用"指通过迁移知识、创新知识,灵活地运用所学知识解决相关问题,让学生的认知水平得以发展。

鲜活性的另一方面表现为情感的鲜活丰盈,体现为澎湃的激情和深沉的情怀。只有拥有了"激情",学生才能够以饱满的状态学习知识;只有拥有了"深情",教师才能够展现出对学科教育的热爱;只有拥有了"真情",课堂教学才能够焕发生机与活力。生命力课堂注重优化情感环境,让学生成为一个具有高级社会性情感、积极乐观态度、正确社会价值观的勇于担当、敢于创新的社会主义接班人。

(三)持续性

生命力课堂是具有可持续性发展的生态系统。可持续发展是生命力课堂的本质特征。生命力课堂的持续性一方面体现在教学进程符合学生心理认知规律,不跳跃,不间断。维果茨基指出,学生发展是个体与他人在交往的过程中,在教育和环境的影响下由低级心理机能逐渐向高级心理机能转换的过程,并提出了"最近发展区"理论。该理论认为,要使教育充分发挥对学生发展的主导和促进作用,必须掌握学生发展的两种水平:一是学生现有的发展水平,即独立活动下所能达到的解决问题的水平;二是学生可能的发展水平,即在教师的指导下,通过努力才能解决问题的潜力。两种水平之间的差距就是"最近发展区"。要促进学生的发展,获得较高的教学效率和良好的教学结果,就必须从学生"最近发展区"出发,给学生提供难度适中的内容,调动他们的学习热情,挖掘他们的认知潜能,让他们跳一跳才能够摘到"桃子",而不是顺手就摘到或怎么跳也摘不到"桃子"。如果教学超出"最近发展区",对于学生来说难度过大,教学无效;相反,如果低于"最近发展区",对于学生来说索然无味,没有意义。

生命力课堂的持续性还体现在教学内容符合终身教育理念。学生习得的知识、技能、素养对学生终身发展是有益的,更重要的是生命力课堂针对传统教学中存在的学习内容碎片化、材料堆砌、知识系统性受限制等现象,提出了整合与贯通。整合课程、教材、内容,贯通知识、技能、情感。期望用知识的整体性结构和思维的系统性逻辑帮助学生整体架构所学内容,从具体的知识中体会其蕴含的思想、情感、态度价值观,让学生既见树木又见森林,让学生知其然,知其所以然,何由认知其所以然。

(四)人本性

生命力课堂是以人为本、追求人的全面发展的生态系统。人本性是生命力课堂的核心特征。所有的教育都应该指向人,注重人的全面发展。"使人视野开阔、兴趣广泛;使人产生对知识和真理的渴望,并且能够形成一种崭新的思维方法,最终成为一个文明的人、有教养的人、有健全人格的人。"[7]人本主义所坚持的一贯原则是追求人的更全面的发展。古希腊时期的教育目的中就已经含有培养健全人格这一人本主义的价值倾向。苏格拉底提出"美德即知识",他认为有理性智慧的人就是知识广博、品德高尚的人,教育人们要"努力成为有德行的人"。现代人本主义心理学创始人之一罗杰斯强调人内在的学习动力,主张教育应以促进学生的自我实现为宗旨,关注学生的心理和精神健康发展。毛主席也曾说,青少年要"文明其精神,野蛮其体魄"。因此,教育不仅仅要传递知识和技能,更要肩负启迪智慧、健全人格的重任。

生命力课堂坚持"以人为本",把学生当作整体的人,从发展整体的和健康的人格出发,给予学生更多的情感体验,满足学生情感发展和价值观的需要。同时,生命力课堂注重人的能动性,注重激发学生的学习内驱力,通过提升学生的学习动力、学习能力、学习毅力,让学生变被动学习为能动学习,不仅能够在教师指导下积极主动学习,而且能够在不同环境下独立自主地学习,并实现自身发展。

(五)高效性

生命力课堂是注重减负提质、追求高效率的生态系统。高效性是生命力课堂的根本追求。随着国家"双减"政策的实施,减负提质成为学校教育追求的目标,高效率的课堂再次成为教育界热议的话题。鲍里奇指出,高效课堂的基本内涵是:在课堂教学中教师能够利用一些细节性、操作性的教学方法或策略促进学生学习活动的发生,促使学生的学业表现向积极方向发展,促进学生认知结构的重构。[8]高效率的课堂一定坚持教学评一致的原则,目标清晰、任务明确、组织合理,较好地完成学习任务,达成学习目标。这里的学习目标包括学业成就、高级思维、情感态度、价值观等各方面的学习结果。

生命力课堂坚持教学评一致的原则,要求教师在进行课堂教学之前,思考本节课的教学目标是什么,选择什么样的材料和教学方法来达成教学目标,如何对所选择的材料和教学方法进行组织,如何评价教学目标是否达成,通过教学目标、教学活动、教学评价与课程标准的一致性提高课堂教学效率,让学生的成绩、能力、人格、素质得到全面提高。

三、生命力课堂的"八力"标准

基于生命力课堂的"生态性、鲜活性、持续性、人本性、高效性"的基本特征,结合课堂中学生学习维度、教师教学维度、课程实施维度、课堂文化维度四个维度,细化出生命力课堂实施的"八力"标准:教学内容渗透思维力、教学进程保持持续力、课堂育德浸润情志力、课堂秩序体现组织力、课堂体验感受愉悦力、课堂氛围充满吸引力、现代

图 1-1　生命力课堂"八力"标准

技术发挥支持力、课堂达成体现生长力,详见图 1-1。

(一)教学内容渗透思维力

1.教学内容解析精准。教学目标定位准确,重难点内容把握精准,教学思路清晰明了。

2.内容结构组织合理。正确区分教学内容的知识类型,正确理

解教材并能创造性使用教材,深入挖掘教学内容所蕴含的思维教学资源和价值观教育资源。

3.问题设计科学有效。课堂教学中教师要善于设疑、引疑、释疑,问题设置指向清晰,有层次性,设计有足够思考力、富有内涵的问题引导学生深度思考。

4.教学方法策略适当。教学方法上讲授、问答、训练相结合,体现教师主导的讲授式与学生自主的活动式相融合,强调启发式教学的重要性。

(二)教学进程保持持续力

1.注重知识的系统连贯。注重单元教学理念,凸显知识的整体性、发展性和系统性,注重知识之间的关联和知识本身的来龙去脉。

2.体现素养的持续积累。核心素养的养成是一个长期积累的过程,教学中注重学科思想方法的渗透和学科能力的培养,把握核心素养的统领性、阶段性和持续性。

3.遵循学生的认知规律。教学内容选取符合"最近发展区"理论,难度适宜,贴合学生认知实际。课堂节奏适中,思维启发得当,潜力不断激发。

(三)课堂育德浸润情志力

1.挖掘学科的育德功能。全面把握学科的育德功能,文科注重进行世界观、人生观和价值观的引导,理科注重科学精神、科学方法、科学态度、科学探究能力和逻辑思维能力的培养,艺体学科则要加强对学生审美情趣、健康体魄、意志品质、人文素养和生活方式的培养。

2.整合思政的育德素材。将社会主义核心价值观融入课堂教学,将积极的情感、端正的态度、正确的价值观自然融入教学全过程,帮助学生树立正确的世界观、人生观、价值观,培养学生的文化认同感和民族自豪感。

3.发挥教师的育德机智。育德设计符合学生道德认知发展阶

13

段,育德方式能有效促进道德认知水平的提升,教学组织和形式能够对学生形成合作、包容的心理品质起到潜移默化的作用,教师严谨的治学态度和敬业精神,能够成为学生的示范和榜样,教师能够把握育德时机,凸显德育浸润,实现育德效果。

(四)课堂秩序体现组织力

1. 自主与合作的融洽。学生参与度高,课堂秩序井然,学生活动合理有效,活而不乱。

2. 动态与静态的平衡。合作交流与独立思考的有机结合,在讨论交流的背后,注重让学生静下来观察、思考、顿悟,做到动静结合,张弛有度。创造出有序的、和谐的、富有活力的课堂。

3. 规则与调控的结合。能够灵活使用命令、仪式、规则、暗示、鼓励、惩罚等调控课堂秩序的基本策略,实现课堂秩序的有序化。

(五)课堂体验感受愉悦力

1. 活动体验凸显真情实感。注重课堂体验活动设计,运用丰富的情境性素材创设鲜活的、有温度的活动,让学生在情境之中探究知识,体验知识丰富的内涵与意义,感悟知识蕴含的深刻的思想方法与复杂的情感,体会知识对学科发展以及人类进步的巨大作用与价值。

2. 问题情境富有挑战乐趣。问题设计难度适中,具有启发性,能通过自主、合作、探究解决问题并获得成就感。

3. 表扬鼓励适时激发信心。适度表扬,注重鼓励,给予学生信心,让学生充满期待。

(六)课堂氛围充满吸引力

1. 轻松愉快的环境氛围。通过设疑、激趣,让学生在质疑、批判、推理等深度学习思维活动中感受知识学习的乐趣,调动学生学习的主动性和创造性,使学生敢于、乐于参与课堂教学,达到教学相融。

2.热烈深沉的情感氛围。教师通过深沉的情怀、富有激情的语言、和蔼可亲的姿态,构建温暖、尊重、支持的情感氛围,调动学生参与活动的热情,激发学生积极的情感体验。

3.民主和谐的互动氛围。通过包容型对话、批判型对话、辩论型对话等多元对话方式,营造和谐、民主的互动氛围,让学生在愉悦的互动中感受人与人之间的相互依赖、信任、合作等社会性积极情感。

(七)现代技术发挥支持力

1.数字资源的整合加工。整合文字、图片、声音、视频等多种形式的教学资源,让视频、动画、音乐、游戏、仿真实验、同屏展示等技术有效地融合于教学过程,通过交互式情境,助力协作学习和会话交流。

2.学科工具的有效使用。利用几何画板、土豆生物、NB物理实验、虚拟化学实验室等,让抽象、危险、难操作的展示,实验清晰可见,给予学生直观感受。

3.学习效果的动态跟踪。依托智能终端设备,实时生成课堂检测数据,定位学生知识盲区,并开展及时、精准辅导,提高课堂教学效率。

(八)课堂达成体现生长力

1.目标与评价的一致。注重知识应用的层次性、迁移性和广泛性,注重古为今用,类比探究;不同层次学生各有所获,各有提高,目标达成度高。

2.预设与生成的统一。教师能恰当处理预设和生成的关系,及时反馈、指导,高质量完成教学任务。

总之,生命力课堂遵从"教帅主导、学生主体",注重"问题引导,思维启发"。教学目标上关注学生的核心素养,以学生的"最近发展区"为定向。教学内容上强调有逻辑、有结构、有体系的知识,强调学科思想方法、学科大观念和核心概念。教学设计上体现预设的同时也重视课堂的生成。教学方法上讲授、对话、体验相结合,体现教师主导的讲授式与学生自主的活动式相融合。教学过程重视系统化的思维和结构能力的共同参与,强调思维的深度学习。教学评价上注重问题的发现与解决,注重真实性学力的考查。

第三章
生命力课堂的理论基础

一、人本主义

人本主义心理学是现代心理学派别之一,是以人为本,研究整体人的本性、经验与价值的心理学,亦即研究人的本性、潜能、经验、价值、意向性、创造力、自我选择和自我实现的科学。该学派以人的整体性研究为基础,关注人的自身发展,关注人的主体性。古希腊哲学家罗泰戈拉曾说道:"人是万物的尺度,是存在的事物的尺度,也是不存在的事物不存在的尺度。"人本主义认为,教育的目的在于"自我创造""自我发现""自我实现""学会如何学习和如何适应变化",教育不仅要让受教育者学到科学知识,更重要的是要让受教育者在学习科学知识的过程中学会如何学习,目的是充分发掘受教育者的发展潜能,使其形成健康的整体人格,并最终使其成为"自我实现"的人。人本主义教学观是以其学习观为基础的,强调以学生为中心,强调认知与情感相结合的教学,提倡情感化的师生关系。在课程观上,不过分强调学科中心,主张以"人的能力的全域发展"为目的,在课程内容上提出迫切性原则,在课程结构组织上提出"统合"原则,在评价观上推崇自我评价法。[9]

生命力课堂坚持以人为本,尊重学生的主体地位,重视知识、能力、情感的高度契合,通过激发学生内驱力,倡导学生能动学习,教会学生学会学习;通过探究、协同、对话等活动,实现学生的深度参与和深层学习,培养学生的问题解决能力、逻辑思维能力、沟通能力、元认知能力,促进学生的全面发展。

二、建构主义

建构主义是学习理论中行为主义发展到认知主义以后的进一步发展。建构主义学习理论认为,知识或学习是个体主动进行意义建构的过程,可以从知识、学习、教学三方面来阐述。关于知识的看法,皮亚杰指出,知识或者智慧不是客观或者主观的,而是在与环境的相互作用中生长并发展起来的。知识的意义是靠学生主动去发现、主动去理解、主动去建构得来的,而不是单靠教师传授灌输的,教师只是学生建构知识时的辅导者。关于学习的看法,该理论指出,学习不仅是从外部到内部的知识传递,更是学习者主动建构知识意义的过程,通过新的学习活动和原先学习活动的互相作用,从而改造知识经验。关于教学的看法,建构主义认为,应以学生为中心,在整个教学过程中由教师起组织者、指导者、帮助者和促进者的作用,巧用情境、协作、对话等学习环境要素,充分发挥学生的主动性、积极性和创造精神,最终达到使学生有效地实现对当前所学知识的意义建构的目的。

生命力课堂以学生发展为本,重视教学在"问题中学习",在"思维中进步",关注真实性情境的创设,激发学生学习动机和兴趣;运用探索法、发现法等让学生主动建构意义;注重学生之间的协同合作,让学生在对话、倾听、探究中实现对知识的深层次理解,并获得人格的健全和精神的生长。

三、教育生态学

教育生态学是以生态学、生态系统为理论基础,研究教育与环境之间相互影响、相互作用的理论。西方最早的教育生态学研究可追溯至 20 世纪 30 年代。1932 年,美国教育学者沃勒在其著述《教学社会学》中运用生态学视角研究课堂教学,提出了"课堂生态学"的概念,从生态学出发对师生的课堂行为等进行研究。1976 年,克雷明在其著述《公共教育》中正式提出"教育生态学",并从共生性、开放性、整体性等角度分析了课堂教学的特点。他把教育看作一个有机的、复杂的、统一的生态系统,教育生态系统中的各因子都有机地联系着,这种联系又动态地呈现为一致与矛盾、平衡与不平衡。教育生态学认为整个教育活动应是自然的,充满和谐、人文关怀的,具有系统化的,符合生态规律的教育"生态整体"。良好的教育生态系统中,各因子能够实现物质、能量、信息的和谐交互,以此互相适应,共生共存,可持续发展。

生命力课堂将课堂看作由教师、学生、教学内容、教学目标、教学环境等要素构成的一个充满意义的、有机的生态系统。师生之间在一种自然、民主、和谐、开放的教学环境中成长。

参考文献

［1］林崇德.21世纪学生发展核心素养研究［M］.北京：北京师范大学出版社,2016.

［2］钟启泉.课堂研究［M］.上海：华东师范大学出版社,2016.

［3］毛颖.生命力视域下的苏州古村落规划研究［D］.苏州科技学院,2013.

［4］黄甫全,王本陆.现代教学论学程(修订版)［M］.北京：教育科学出版社,2003.

［5］陈向阳.活力的古今之变与职教"活力课堂"［J］.中国职业技术教育,2021(20).

［6］钟启泉.课堂转型［M］.上海：华东师范大学出版社.2007.

［7］王开东.教育,病在何处？反思"人的教育"与"培养人才"［J］.河南教育(基础版),2011(10).

［8］李玉娜.高效课堂建构存在的问题及其破解路径［J］.教学与管理,2020(3).

［9］郑子娜.论现代人本主义教育思想及其对我国基础教育改革的影响［D］.福建师范大学,2006.

第二部分

生命力课堂的实施路径

第四章
教学内容渗透思维力

思考周到深刻，智慧之光闪耀

思维是人接受信息、存储信息、加工信息以及输出信息的活动过程。

思考能力是最核心、最根本的学习能力，直接决定学生学习的水平和质量。缺乏思考的学习是一种机械的、被动的、死板的学习，这样的学习只是在储存信息，而未实现真正的理解、内化，更无法创造性地应用并解决问题。培养学生的思维能力是生命力课堂教学的核心。培养思维的有效方式之一就是问题设计，有效的问题能够促进学生积极思考、分析和质疑，并养成批判性、创造性的思维意识。

构建充满思维力的课堂，教师需要拥有问题意识，不断地激励学生思考，通过教会学生以事实、数据为依据进行有根据的思维、有条理的思维、有深度的思维，并通过发现问题、提出问题、分析问题、解决问题的能力培养，促进学生思维方式的改进和思维水平的提升，进而促进学生适应社会的发展要求。

23

经典语录

学而不思则罔，思而不学则殆。

————《论语·为政》

业精于勤，荒于嬉；行成于思，毁于随。

————韩愈

思维是灵魂的自我谈话。

————柏拉图

意志、悟性、想象力以及感觉上的一切作用，全由思维而来。

————笛卡尔

知识，只有当它靠积极的思维得来，而不是凭记忆得来的时候，才是真正的知识。

————列夫·托尔斯泰

思考是人类最大的乐趣之一。

————布莱希特

好的教学必须能唤起儿童的思维。

————约翰·杜威

一个民族想要站在科学的最高峰，就一刻也不能没有理论思维。

————恩格斯

所谓真正的智慧，都是曾经被人思考过千百次；但要想使它们真正成为自己的，一定要经过自己再三思维，直至它们在个人经验中生根为止。

————歌德

读书使人充实，思考使人深邃，交流使人清醒。

————富兰克林

教育的本质是培养思维，培养思维的最好场所是课堂。

————顾明远

第一节　教学内容渗透思维活动

思维作为一种能力和品质，是人的智慧的集中体现。思维的锻炼能促进学生积极思考，养成批判性、创造性等高阶思维品质。生命力课堂坚持讲授式与启发式教学相结合，注重引导学生"发现"的能力，让学生在知识内容的学习中，善于思考，勤于思考，从而提高发现问题、提出问题、分析问题、解决问题的能力。

一、教学内容的意蕴

（一）教学内容的解读

学校教学内容关系到学生应该学习什么的问题，"教什么知识"比"怎样教知识"更为重要。知识作为教学培养人的载体，它形成学生理解人生、世界意义的心智框架。联合国教科文组织将知识广泛地理解为通过学习获得的信息、理解、技能、价值观和态度。目前，学校教学的知识内容主要指学科内容知识和学习方法策略等，这些都是人类社会历史文化的优秀成果。学习者被认为是学习的主动参与者，他们自己选择需要学习的信息并从中建构意义。学生的知识建构是将学生的已有经验与新学知识进行关联、整合与结构化。在教学中，学生并不是孤立地接受碎片化的知识，而是在联想、调动、激活以往的认知经验中，形成对新知识的认知、领悟与内化。因此，这里的知识不能是孤立的，而是在结构中、在系统中的知识，是有逻辑、有结构、有体系的知识。[1]

（二）教学内容的分类

教学过程中对知识的理解、加工处理以及对待知识的态度直接关系到知识与人的关系。有什么样的知识观就有什么样的教学观。[2]知识具有客观的存在形式和主体化存在形式，客观知识只有在经过学生思考、理解、内化，转化为自身的能力、智慧、情感价值态度后才能成为主体化知识。布卢姆教育目标分类学将知识分为事实性知识、概念性知识、程序性知识、元认知知识四大类别。

事实性知识包括学生通晓一门学科或解决其中任何问题所必须了解的基本元素,包括一些特殊标记与符号的术语知识,以及关于事件、地点、人物、日期等具体要素的知识,主要为分离的、孤立的、"信息片段"形式的知识。

概念性知识表示更为复杂的、结构化的知识,表示在一个体系内共同产生作用的基本要素之间的关系,主要指图式、模型和理论描述个体所具有的那一类知识。它涉及某一学科是如何组织和结构化的,知识内容的不同部分是如何以一种更为系统的方式相互联系的,以及这些部分是如何共同产生作用的。[3]

程序性知识是关于如何做某事的知识,主要包括技能、算法、方法、步骤等。比如,数学上的解方程、解不等式的算法,证明三角形的全等的方法;理化实验课上的实验操作一般步骤;英语课上使用正确的语法进行造句的程序;等等。这些程序性知识不仅反映了具体学科的知识内容,还体现出该学科的思想方法和思维方式。

元认知知识是关于学生学习和思维的一般性策略知识,以及关于自我认知的意识和知识。其中策略性知识主要包括问题解决与思维的一般性策略,如演绎思维、归纳思维等。而关于自我认知的知识主要指动机信念,如价值、兴趣、意义、自我效能感等。

四个层面的知识并不就是四个水平的知识,教师根据目标和教学活动以不同方式组织同一内容都会导致知识类别出现差异,即教师讲着同样的事实、概念、方法、价值,但所讲内容的内涵和深度却可能不同,学生的学习效果也可能不一样。

安德森在《学习、教学和评估的分类学——布卢姆教育目标分类学修订版》中阐述四种知识类别的时候,例举了《麦克白》的典型案例,部分内容如下:

张女士认为《麦克白》能够使学生懂得一些重要概念,如野心、悲剧英雄和讽刺。她还希望让学生懂得这些概念之间的关系,例如野心在悲剧英雄的发展过程中扮演了什么角色？通过关注这些概念及其关系,可以使学生在剧情和用来理解人类现状的那些不同概念之间建立起联系,从而使《麦克白》在学生看来栩栩如生。那么张女士关注的是概念性知识。

杰弗森先生认为,《麦克白》只不过是英语文学课程中的许多剧本之一。他的目的是把《麦克白》作为载体,向学生讲述通常应该如何对剧本进行思考。为了达到此目的,他开发了一套他希望学生在阅读剧本时使用的一般性方法。该方法先让全班讨论剧情,然后审视角色之间的关系,再理解剧作者传达的信息,最后考虑剧本的写作方式和它的文化背景。假设由这四个一般性步骤构成的学习程序不仅可以用于《麦克白》的学习,而且可以用于所有剧本的学习。那么杰弗森先生关注的似乎是程序性知识。

温伯格女士在杰弗森先生的基础上,还希望学生通过对剧本角色的认同,对自己有所了解,如自己的野心、自己的长处和短处等。那么温伯格女士关注的是元认知知识。

传统的死记硬背、填鸭式教学存在"惰性"知识的问题,即学生看起来学习了、记住了大量的事实性知识,但是他们并没有在更深层次上去理解它、内化它,不能够融会贯通,不能够将新知识和已有的知识相联系,并系统地建构知识、迁移知识。产生"惰性"知识问题的主要原因在于内容知识缺乏思维力,忽视了概念性知识、程序性知识和元认知知识。深刻思考并理解概念性知识、程序性知识能够帮助学生将所学知识迁移到新的情境中,从而避免产生"惰性"知识问题。

二、教学内容渗透思维力的策略

思维力包括理解力、分析力、整合力、比较力、概括力、抽象力、推理力、论证力、判断力、心算力等。它是整个智慧的核心,参与、支配着一切智力活动。思维力训练的目的不是为了寻找到答案,而是要使思维模式由简单向复杂转化,即培养多角度、多层次、多方式发现问题,提出问题,分析问题并解决问题的思维习惯。

(一)关注概念性知识,渗透系统思维

系统思维就是把认知对象作为系统,从系统和要素、要素和要素、系统和环境的相互联系及相互作用中综合地考察认知对象的一种思维方法。生命力课堂要求学生在学习时,不仅要懂得一些重要概念,还要懂得这些概念与概念之间、概念内部各要素之间的联系,学会用整体的眼光审视事物,建构知识。

1.注重时序空间的纵横联系,拓展思维"广度"

任何事件或现象都是在特定的时间和空间背景下发生的,时序空间体现了事物的发生、发展和演化过程。培养正确的时空观,如物理时空观、历史时空观、地理时空观等,有助于学生从时序和空间两个维度分析事物或现象的变化过程,做到有理有据、逻辑严密。例如,钱穆先生曾谈道:"治史而言系统,顾非易事。然若谓历史只是一件件零碎事情之积叠,别无系统可求,则尤属非是。"因此,人类历史的发展具有其内在规律性,应当作一个整体来研究,从系统思维的立场出发去考察历史事件、人物及其相互关系,以此来把握历史发展变化的内在联系。[4]历史教学中,通过将历史知识转化为具有层次性、系统性的问题设计,围绕系列问题收集史料和组织教学,让学生在问题的探究中启发历史思维,培养核心素养。比如在学习鸦片战争知识时,探究"鸦片战争爆发和失败的原因"这个核心问题不可避免,如果仅仅从英国蓄谋已久发动对中国的侵略战争角度来分析就显得很片面,我们必须看到欧洲的殖民扩张和工业革命,即封建社会与资本主义社会下的制度、文化、经济等差异。如果进一步分析为什么欧洲会有工业革命而我们没有呢,其中很重要的一点就是中西方文化的差异。中国推崇儒家文化,以道德为核心,不重视逻辑;英国文化继承了希腊、罗马文化,重视哲学、重视思辨。[5]而

科学的产生需要逻辑,需要思辨。所以欧洲在科学的发展、推动下有了工业革命。我们靠经验可能会产生一些技术,但没有形成建立在科学基础上的体系。这样,鸦片战争失败的问题便延伸到了文化的深处结构。

例如,高中地理《传统工业区》的教学片段:

教师:展示有关工业方面的课标内容,解读课标,并提出本节课的学习任务。

学生:读课标,分析工业区位因素,举例说明工业地域的形成条件与发展特点。

教师:工业区位因素有哪些?

学生:思考并回答。

教师:继续解读课标,举例说明工业地域的形成条件与发展特点。本节课以德国鲁尔区为例来说明工业地域的形成条件与发展特点。

教师:展示近几年高考考向,并引导学生关注分值、考点、命题情境以及需要考查的核心素养。要认识传统工业区,首先得知道分布、基础和工业部门。

学生:思考并回答。

(1)分布:德国鲁尔工业区、英国中部工业区、美国东北部工业区、我国辽中南工业区等。

(2)基础:丰富的煤、铁资源。

(3)部门:煤炭、钢铁、机械、化工、纺织等传统工业。

教师:引导学生怎样读图(读图名、读图例),穷尽图中信息。

学生:回答。

教师:传统工业区为什么会分布在这里?区位条件有哪些?

学生:2分钟的时间思考,然后写出答案并交流意见。

教师:引导学生思考关于工业区位条件的关键词,并围绕关键词讨论。

学生：回答。

教师：实时评价并小结。

当今中学地理考试命题的主流是自然环境的演变过程和区位因素的发展变化过程分析，因此在课堂教学中要求学生能够结合给定的复杂地理事象，综合各种要素，系统分析其相互影响、相互制约的关系，从时空综合维度对其发生、发展和演化进行分析，给出合理的地域性解释。在课堂中除了从多个维度对各要素进行分析，认识各要素之间相互作用、相互影响、相互制约的关系，还应运用时空综合的思路，在一定程度上解释其发生、发展和演化的过程。依据原理，厘清事物演化过程，对于把握区位条件最为关键。

2.注重概念之间的内涵辨析，训练思维"力度"

辨析，指辨别，分析。概念之间的辨析主要指在对具体事物观察的基础上，根据不同对象之间的异同进行分析，找出它们之间的异同，探寻事物现象背后的本质特征，以及内部联系和发展规律，进而得出一般结论的思维方式。乔纳森指出，对概念之间内在关系的合理描述是学习者发展高阶思维能力的基础。因此，通过概念之间的异同辨析，能够帮助学生更加深入、准确地理解概念的本质特征，更好地帮助学生完善知识结构，重建学科知识体系。比如在学初中历史《辛亥革命》一课时，让学生对比太平天国和辛亥革命内容，思考为什么太平天国几十万人起义，14年的时间，波及全国尤其是整个长江以南，结果没有推翻清朝；辛亥革命，几千新军，由武昌起事，结果4个月左右就推翻了清朝。几十万人14年没有完成的事儿，为什么几千人几个月就完成了？[6]让学生在体会辛亥革命强大的力量中理解辛亥革命的背景、发展、影响、历史功绩等内容。

例如，初中数学《直线、射线和线段》的教学片段：

教师：在小学的时候，我们学过直线、射线和线段，请大家在草稿本上画一画直线、射线、线段，回忆直线、射线和线段有哪些区别和联系？（学生独立思考后回答。）

学生1：线段有2个端点，射线有1个端点，直线没有端点。

教师：很好，这是从端点个数来看的，还有吗？

学生2：线段有长度，而射线和直线却没有。

教师：是的，线段可以度量长度，而直线和射线却不能度量长度，这是从度量的角度来看的。

学生3：线段不能延伸，射线向一端无限延伸，直线向两端无限延伸。

教师：这体现出它们的延伸性。既然延伸情况不同，那么已知线段，你能得到射线和直线吗？

学生4：将线段向一个方向无限延长就得到了射线；将线段向两个方向无限延长就得到了直线。

教师：反过来，已知直线，你能得到射线和线段吗？

学生5：在直线上取一点，就得到了两条射线。取两点的话，两点之间就是一条线段。

教师：这说明了线段、射线和直线之间有怎样的关系？

学生：线段、射线是直线的一部分。

（通过三个问题，让学生理解直线、射线和线段之间的联系）

又如，高中生物《基因表达与性状的关系》的教学片段：

教师：设某种实验小鼠的毛色受一对等位基因 A^{vy} 和 a 控制，将纯种黄色体毛的小鼠（$A^{vy}A^{vy}$）和纯种黑色体毛的小鼠（aa）杂交，子一代却表现出不同的毛色——介于黄色和黑色之间一系列过渡类型，理论上子一代小鼠个体的基因型相同吗？

学生：相同，理论上都是 $A^{vy}a$。

教师：为何基因型相同的子一代小鼠会有不同的毛色？

学生：可能发生了基因突变。

教师：科学家经过对子一代不同个体小鼠的 A^{vy} 基因测序，结果发现决定黄色的 A^{vy} 基因的碱基排列顺序相同，说明子一代小鼠没有发生基因突变，基因型确实都相同。那到底是什么原因造成毛色差异的呢？请同学们大胆猜想。

学生：可能是 A^{vy} 基因在每个个体中的表达程度存在差异。

教师：决定 A^{vy} 基因差异表达的因素是什么？

学生一脸迷茫。

教师：研究表明，在 A^{vy} 基因的前端有一段特殊的碱基序列决定着该基因的表达水平，这段碱基序列具有多个可发生 DNA 甲基化修饰的位点。所谓 DNA 甲基化是指在 DNA 分子碱基上增加甲基基团的化学修饰。当这些位点没有甲基化时，A^{vy} 基因正常表达，小鼠表现为黄色；当这些位点甲基化以后，A^{vy} 基因的表达就受到抑制。且这段序列的甲基化程度越高，A^{vy} 基因的表达受到的抑制作用越明显，小鼠体毛的颜色就越深。这种 DNA 甲基化修饰可以遗传给后代，使后代出现同样的表型。像这样，生物体基因的碱基序列保持不变，但基因表达和表型发生可遗传变化的现象，叫作表观遗传。

3.注重概念之间的类属关系，提升思维"深度"

系统思维的培养还要求教师能根据不同概念之间的类属关系，引导学生打破章节甚至是教材限制，以核心知识为主干，将零散的知识通过建立概念图、梳理、归纳和串联等整合在一起，形成比较系统化的知识，建构知识网络，理清概念间的联系。

比如，在高中生物学教学中介绍完神经系统的组成后，学生脑海中并没有厘清传入神经、传出神经、交感神经、副交感神经和自主神经系统等的关系，教师可让学生先自主构建神经系统组成的概念图，然后请部分典型代表在班内展示交流、同学互评、补充完善，最后形成班级较为成熟的概念图，如图 2-1。

又如，以英语学科词汇学习为例。利用思维导图的多个节点和分支，直观地展现出知识之间的层次关系，对于词汇归纳可起到重要的作用。以"building（建筑）"类词汇为例。建筑类的第一级词汇包括 hotel（旅馆）、bank（银行）、post office（邮局）、tower（塔）、museum（博物馆）、gym（体育馆）、department store（百货公司）。第二级词汇 hotel 下分为 entrance(入口)、出口(exit)、大厅(lobby)；bank 下分有 office(办公室)；department store 下分为 store(商店)、theater(戏院)、restaurant(餐厅)。第三级词汇 store 又分为 bakery(面包店)和 bookstore(书店)；theater 又分为 movie(电影)和 movie theater(电影院)，如图 2-2。

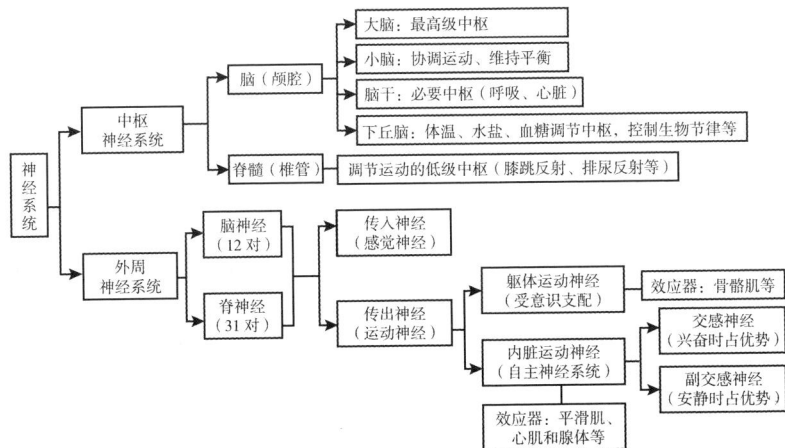

图 2-1　人体神经系统组成的概念图

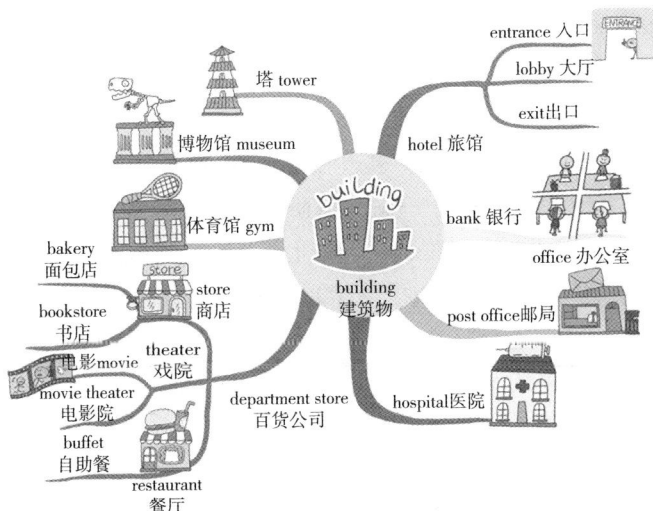

图 2-2　词汇归纳图

通过结构图或者框架图,让所学内容思维化、网状化,让整个教学过程和流程设计变得更加系统、科学。

4.注重概念内部的要素关系,提升思维"厚度"

事物内部要素的相互作用、相互影响,决定了事物的表征和性质等。《庄子·养生主》记载道:"庖丁为文惠君解牛,手之所触,肩之所倚,足之所履,膝之所踦,砉然向然,奏刀騞然,莫不中音。"掌握事物内部结构、要素之间的关系,有助于学生深入了解事物的内在本质和客观发展规律,有助于培养学生有条理、有深度地思考问题的能力。化学发展史中"合成氨条件的选择"是比较典型的系统思维的例子。为提高原料的转化率,应采用低温、高压和适时分离出氨气等条件和措施;为加快反应速率,应采用高温、高压和使用催化剂等条件和措施。可见,对速率和转化率来说,温度是矛盾因素,压强是一致因素。在这种情况下,必须从整体出发系统地思考问题,不仅要考虑反应速率和转化率的高低,还要考虑实际操作的可能性(材料的耐压和增压投入的成本)。[7] 又如,在进行初中数学《三角形》的教学时,三角形的构成要素是边和角,因此,从要素之间的相互关系来展开性质研究就可以得到边和角的关系,等边对等角,等角对等边,大边对大角,大角对大边;边与边的关系,两边之和大于第三边,两边之差小于第三边;内角之间的关系,内角和为$180°$。教学让学生通过从三角形的要素边和角出发,在对形状、大小、位置关系进行研究的研究思路中理解几何研究的一般套路。

例如,高中地理《欧洲的东部和北亚》的教学片段:

教师:有请一位同学来量一量礼嘉中学教室的墙壁厚度。

学生1拿着直尺到教室前面来量。

学生2协助测量。

教师:请告诉大家,我们学校教室墙壁的厚度是多少?

学生:25厘米。

教师展示欧洲自西部到东部传统民居墙壁厚度的变化图。英国南部墙厚 23 厘米,德国西部墙厚 26 厘米,德国东部墙厚 38 厘米,波兰中部墙厚 51 厘米,俄罗斯西部墙厚 73 厘米。

教师:从欧洲西部到东部墙厚度的变化以及和重庆墙厚度的对比,你发现了什么?

学生:从欧洲西部到欧洲东部越来越冷,欧洲东部冬季比重庆冷。

教师:俄罗斯仅仅只有欧洲东部吗?

学生:还有西伯利亚。

教师展示 11 月 20 日当天我国海南三亚、重庆市渝北区、北京市、俄罗斯西伯利亚上扬斯克的实时气温图,同时展示不同区域学生的着装,与礼嘉中学学生的着装进行对比。

教师:通过对比,大家能描述俄罗斯的气候特征吗?这样的气候特征属于什么样的气候类型,又是如何形成的呢?

学生:属于温带大陆性气候,冬季寒冷漫长,夏季温暖短促。由于纬度高而形成。

教师:如何描述气候的成因?

学生:纬度因素,大气环流,还有下垫面影响。

教师:大家的回答很棒,让我们一起来探究俄罗斯气候的成因。

(二)关注程序性知识,涵养逻辑思维

程序性知识是强调"如何做"的知识,反映了某个学科的一般思想方法和思维方式,体现了一个学科的研究思路。程序性知识的学习就是规则、算法等掌握的过程。安德森的研究表示,程序性知识最初是以命题网络进行表征,再经过多种情境下的变式练习,转化为产生式进行表征。完整的学习过程可以分为三个阶段:首先,通过概括学习理解领悟学科思想方法或步骤;然后,经过变式练习转化为程序性知识;最终,熟练运用这些程序性知识去解决一系列相似问题,进而为解决更加复杂、深奥的问题提供解决思路和思维素材。条件和行动则是程序性知识进行表征的规则。比如初中物理

"弹力"的定义,会形成如下的产生式:如果"两物体相互接触""且物体间存在弹性形变",那么"这两个物体间产生的力是弹力"。由此可见,弹力的定义中条件项有两组:(1)相互接触;(2)存在弹性形变。行动项则是判断满足条件的两物体间产生的力是弹力。

又如,数学课程标准给出了明确目标:在"理解基本的数学概念、数学结论的本质"的基础之上,更要"了解概念、结论等产生的背景、应用,体会其中所蕴含的数学思想和方法",并且学会运用它们去解决新问题。我们在学习解一元一次方程时,依据等式的性质和化归思想,得出了去分母、去括号、移项、合并同类项、系数化为 1 的算法。我们不仅可以利用它解一元一次方程,还可以类比到解一元一次不等式中,不同之处在于,利用不等式的性质解一元一次不等式的时候,遇到系数为负数时,系数化为 1 的时候不等号要变号。

例如,初中语文《天净沙·秋思》的教学片段:

孙淇老师巧妙地以"秋"为载体,以"情"为主线,设计了"岁稔流火解秋思""日暮途穷颤秋声""离人心上观秋色""知人论世赏秋景"四个环节,每个环节都赠送了学生学散曲的锦囊:品散曲的第一步要解题明意,借此讲授必要的文学常识——散曲;品散曲的第二步要学会朗读,借此充分进行散曲朗读方法的教学;品散曲的第三步要学会抓住关键词句(诗眼),让学生了解什么是诗眼,又应该怎样解读诗眼;品散曲的第四步要通过景物的修饰语(动态、形状、声音、颜色)、景物的组合关系,知人论世把握诗人情感。让学生通过意象的品读来感受诗人丰富的情感,水到渠成地教给了学生鉴赏散曲的重要方法。在此基础之上,给出了白朴的《天净沙·秋》,让学生在比较两首散曲小令的同与不同之处中掌握品散曲的四个锦囊。最后,将品散曲上升为写散曲,实现了程序性知识的迁移应用。

(三)关注元认知知识,增强反思意识

反思能力是自我成长的一个重要思维。教师应该在教学过程中培养学生的反思能力,教会学生在对错误、自我、经验的反思总结

中,学会优化创新、举一反三、鉴古知今,促进学生思维的综合发展。比如,在讲春秋战国时的合纵连横时,让学生借此分析当今时代中国、俄罗斯、美国等国家之间的外交政策,让学生在现实情境中发现问题、分析问题,并尝试解决问题。让学生学会用历史经验、历史智慧看成败,鉴得失,知兴替。

例如,高中生物《激素调节的过程》的教学片段:

教师讲完甲状腺激素分泌的分级调节和反馈调节,结合图示请学生分析相关激素含量的变化,用箭头表示变化趋势。

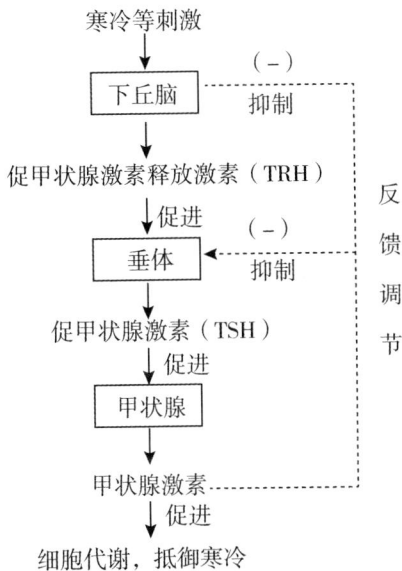

1. 寒冷、精神紧张→TRH→TSH→甲状腺激素

2. 缺碘或甲状腺功能障碍→甲状腺激素→TRH、TSH

3. 甲亢→甲状腺激素→TRH、TSH

4. 垂体功能障碍或切除→TSH→甲状腺激素→TRH

5. 注射过量TSH→甲状腺激素→TRH

6. 下丘脑功能障碍或切除→TRH→TSH→甲状腺激素

7. 注射过量TRH→TSH→甲状腺激素

学生对以上问题一一作答。

教师：结合甲状腺激素分泌的过程，分析食物中长期缺碘容易导致地方性甲状腺肿大的原因？

学生：碘是构成甲状腺激素的元素之一，由于食物中缺碘，导致甲状腺激素合成不足。根据甲状腺激素分泌过程的特点可知，甲状腺激素对下丘脑和垂体的抑制作用都减弱，使下丘脑分泌的 TRH 和垂体分泌的 TSH 都增加，而 TSH 分泌增加，其对甲状腺形态发育的促进作用也增强，长此以往，甲状腺就出现代偿性肿大。

教师：类比甲状腺激素分泌的过程，你能说出性激素分泌的过程吗？

学生：当机体受到某种刺激时，相应的神经冲动传到下丘脑，下丘脑分泌促性腺激素释放激素，促进垂体合成和分泌促性腺激素，再作用于性腺，促进其合成和分泌性激素。当血液中的性激素含量增加到一定程度时，又会抑制下丘脑和垂体分泌相关激素，进而使性激素的分泌减少而不至于浓度过高。也就是说，性激素分泌过程中，也存在分级调节和反馈调节。

教师：结合性激素的分泌过程，谁能解释男运动员为了提高比赛成绩长期服用人工合成的睾酮衍生物等，最后导致精子生成量减少，甚至不育，对人体造成极大危害，所以明令禁止运动员服用？

学生：运动员长期服用睾酮衍生物后，血液中雄性激素总含量增加，对下丘脑和垂体的抑制作用增强，使得下丘脑分泌的促性腺激素释放激素和垂体分泌的促性腺激素的分泌量减少，而促性腺激素分泌量减少后，睾丸的形态结构不能维持，出现萎缩，雄性激素分泌量也减少，进而引起精子的生成量减少，最后导致不育。

例如，高中数学《方程的根与函数的零点》的教学片段：

得到函数零点概念后遇到一个求函数零点的问题：求函数 $f(x)=\ln x+2x-6$ 的零点。

教师：它的零点是多少？

学生 1：我没有算出来，经过几次尝试，发现它的零点不是一个整数。

教师：很好，有自己的结论。那它的零点存在吗？

学生 2：存在，我通过描点法画图看出它的图是与 x 轴有交点的。

教师：太棒了！用图象来说明。那什么情况下才一定有零点？

学生 3：图象与 x 轴有交点。

教师：不错，这是从图象的角度来说明。从数的角度呢？

学生 4：函数值有正有负。

教师：请大家把自己的想法梳理一下。

像这样的结合学习内容理论联系实际，巧妙将演绎推理渗透到课堂教学中的例子还有很多，它可以帮助学生养成求真务实的态度，提升解决问题的能力。学生在演绎推理能力的运用过程中，有利于形成科学探究、深度思考的品质，从而促进其他思维能力，如创造性思维、批判性思维等能力的养成，形成良好的社会责任感。

此外，教学中还可以设计一些开放性问题。如"你如何评价某个历史人物？""课文《一面》中三次描写了鲁迅先生的外貌，说说你对鲁迅先生外貌最深刻的印象是什么，你从中体会到了什么？""转基因技术对人类利多弊少还是利少弊多？""医生建议扁桃体经常反复发炎的某同学切除扁桃体，他该同意吗？"这些开放性问题有助于学生深度思考，有助于学生综合思维能力的培养。

总之，知识的学习过程是一个不断自主建构的过程。没有思维参与的建构只是堆砌。教学中，教师需要充分引导学生对客观知识进行深度思考、理解、内化和迁移，以完整而丰富的知识内涵价值实现学生对知识的有意义建构，让知识转化为学生的能力、智慧、情感态度价值观，实现学生的全面发展。

第二节 典型案例

初中历史《智与治：三国鼎立》

一、教学内容分析

《三国鼎立》是人民教育出版社七年级上册《中国历史（上）》第四单元"三国两晋南北朝时期：政权分立与民族融合"的起始篇目，课文主要介绍了国家从分裂再到局部统一的历史发展。在单元设置上，上起东汉末年的战乱，下接两晋南北朝时期，本课起着承上启下的作用。

整体上看，三国是中国古代历史的一个重大转折时期，是从秦汉400多年的大统一到魏晋南北朝长期分裂割据状态的转折，统一与分裂成为这一时期的主题。微观上看，本课共有三个子目，第一个子目"官渡之战"，讲述曹操与袁绍之间的决战，这是曹操统一北方的奠基之战；第二个子目"赤壁之战"，讲述曹操与孙刘联军之间的对抗，这一战是整个局势的关键之战，为其后三国鼎立局面的形成奠定了基础；第三个子目"三国鼎立"，赤壁之战后，天下三分的局势更加明朗，魏、蜀、吴三国鼎立，分裂的中国暂时走向了局部统一。三个子目时序清晰，史事关系清楚。学生通过本课的学习了解三国群雄为统一中国所做的努力，认识到"民族统一"自古以来就是中国人的梦想，涵养家国情怀。

二、学生情况分析

在之前的教学中，学生已经简单接触过《三国演义》等相关知识，但并没有构建三国历史知识的一体化联系，所以知识体系还比较薄弱。而在性格发展方面,相比于其他年龄阶段的学生,七年级学生课堂活跃性较强,思维比较发散。根据皮亚杰的"认知发展理论",七年级的学生虽具备了初步的抽象思维能力,但仍然以具象思维为主,对于知识的理解不足,因此需要教师借助图片、叙事性描述、互动式探究等方式引导学生进一步探究。

三、学习目标

(1)了解官渡之战、赤壁之战的基本史实,知道三国鼎立的形成及发展的基本史实。

(2)通过演义和史实的比照,认识文学作品和真实历史记载的区别,明确认识历史的正确途径,养成史料实证的意识;通过比较两场战役的结果,初步养成历史比较、分析的能力。

(3)通过本课学习,认识到三国鼎立是东汉末年国家分裂背景下的一次局部统一,奠定了之后统一的基础。通过三国的社会治理,培养学生鉴古知今的能力。

四、教学重难点

(一)教学重点

(1)通过对比分析,知道官渡之战、赤壁之战的基本史实,理解两场战役曹操一胜一败的原因;初步了解三国鼎立局面形成的史实和意义。

(2)通过识读《官渡之战示意图》《赤壁之战示意图》《三国鼎立形势图》,掌握获取有效历史信息的方法,形成史料实证的意识。

(二)教学难点

通过两场战争和魏蜀吴社会治理史实的学习,对理解当今社会发展道路有所启发,养成学史明智的能力。

五、教学过程

(一)导入新课

图 2-3 "心外无刀"石碑

教师:在上课之前,我们来看一组图片。首先来看这块石碑(在今陕西宝鸡五丈原)上的文字——心外无刀(如图 2-3),说的是三国时期的用兵之道。这块石碑是外国人为了纪念三国这段历史专门修筑的,赞扬了他们内在的智慧。不仅是石碑,在国外还有关于三国历史的文学翻译作品和创作作品、专门祭祀场所,以及庙宇建筑。为什么只有短短几十年历史的三国能够跨越国界、走向世界,吸引这么多人去探寻? 三国究竟有什么魅力和智慧? 让我们一起进入新课:智与治——三国鼎立。

【设计意图】通过图片导入,建立学生世界视野,让学生意识到三国历史的重要性,引出学生对这段历史的好奇。

(二)天下大乱群雄起

材料一:出门无所见,白骨蔽平原。路有饥妇人,抱子弃草间 。

——王粲《七哀诗》

材料二：

图 2-4　跋扈将军　　　图 2-5　黄巾起义

提问：从以上图片(如图 2-4,2-5)和文字材料中你看到了怎样的社会现象？

学生：政局混乱,民不聊生。

教师：东汉末年王室衰微,外戚宦官交替专权；农民纷纷揭竿起义；军阀割据,战乱不休。这是一个白骨森森、骨肉分离、社会萧条、人民生活水深火热的时代。这是一个乱世。在这样的乱世中,谁能主宰天下呢？

学生：有大智慧的人。

追问 1：那这一时期有哪些有大智慧的人呢？

学生 1－5：刘备、诸葛亮、周瑜、曹操、孙权等。

追问 2：你知道他们的智慧是如何体现的吗？

【设计意图】从乱世出英雄中把握东汉末年的大时代背景,为"以智治世"埋下伏笔。

(三)智计生巧少胜多

东汉末年,有非常多的割据势力,其中,北方势力当中,曹操和袁绍是最强大的两个割据势力。但是二者在势力上也存在着差异。

材料三：是时袁绍既并公孙瓒,兼四州之地,众十余万。

——《三国志·武帝纪》

材料四：公以十分居一之众,画地而守之。……今与公争天下者,唯袁绍尔。

——《三国志·荀彧传》

材料五：玠语太祖曰："……宜奉天子以令不臣,修耕植,蓄军资,如此则霸王之业可成也。"太祖敬纳其言。

——《三国志·毛玠传》

提问：请同学们阅读材料,判断谁的势力更为强大?

追问：曹操知道自己的势力不敌袁绍,但是他也有匡扶天下、安定百姓的宏图壮志。于是他迫切地想要提升自己的势力。请阅读教材,结合材料,阐述曹操采取了哪些智慧举措来壮大自己的势力?

教师引导学生分析：要让自己的士兵有力气去对抗,最关键的是什么? 为了解决粮食危机采取了哪些措施? 屯田制有什么好处? 通过问题链阐释逻辑,让学生理解通过屯田制,一方面解决了流民的招抚问题,社会更加稳定;另一方面土地得到更好的利用,发展了农业生产,也解决了军粮不足的问题。这体现出了曹操的经济智慧。政治方面,"挟天子以令诸侯"的含义是什么? 为什么要用天子的号令而不是曹操自己的号令? 让学生明白取得政治上的主动的必要性。人才方面,曹操唯才是举、招贤纳士,不论贵贱,只论才华,这一举措为他带来了更多富有智慧的人,实现了智慧的聚集。

【设计意图】结合教材内容,通过解读史料,分析二者之间势力的差异,以及曹操壮大自身势力的智慧,为后面理解曹操以弱胜强的原因做好了铺垫。

材料六：人教版部编版历史教材七年级上册第80页官渡之战形势图。

教师：随着曹操的势力不断壮大,他与北方的袁绍之间的矛盾日益尖锐,二者势必会爆发一场战争。终于在200年爆发了官渡之战。

提问：请同学们阅读教材,梳理官渡之战的经过,思考曹操以弱胜强的智慧之举在哪里?

教师引导学生分析：通过曹操声东击西、解救白马之围,曹操重用许攸、火烧乌巢,袁绍刚愎自用、人心动摇,曹操任人唯贤、军队战斗力强、人民厌战情绪高等因素的分析,学生理解曹操的人才智慧,唯才是举、招贤纳士;军事智慧,善用计谋、抓住关键;经济智慧,安抚流民、赢得民心;政治智慧,挟天子以令诸侯。

追问:官渡之战曹操战胜了袁绍,带来了什么样的影响?

教师:官渡之战后,曹操统一了长江以北大部分地区,但是曹操绝对不会止步于此,他挥师南下意欲统一江南,208 年曹操决定继续南征,于是发生了著名的赤壁之战。

材料七:人教版部编版历史教材七年级上册第 81 页赤壁之战示意图。

材料八:瑜部将黄盖曰:"今寇众我寡,难与持久。然观操军船舰首尾相接,可烧而走也。"

——《三国志·周瑜传》

材料九:亮(诸葛亮)曰:"豫州(刘备)军虽败于长坂,今战士还者及关羽水军精甲万人,刘琦合江夏战士亦不下万人。曹操之众,远来疲敝……且北方之人,不习水战;又荆州之民附操者,偪兵势耳,非心服也。今将军(孙权)诚能命猛将统兵数万,与豫州协规同力,破操军必矣。"

——《三国志·诸葛亮传》

材料十:曹操其人极易激动,易被胜利冲昏头脑。

——张作耀《曹操传》

提问:请阅读材料并思考,赤壁之战中,曹操明明势力比之前要大很多,拥兵二十余万,而孙刘联军只有五万余,曹操为什么还失败了呢?

追问:从中你看到了怎样的智慧,我们可以学习哪些经验教训?

【设计意图】一方面,让学生懂得来取军事合作,联合作战;善于观察、懂得利用天时地利;识人善用,把握人才资源;战术正确,有谋有略的军事智慧。同时,引导学生认识自我反思也是一种智慧,自信但不自负,居安而不忘危,让学生明白保持谦虚谨慎的学习态度才能不断进步,注重课堂育德,培养学生正确的价值观。

教师:赤壁之战是一次以少胜多的著名战役,对当时整个局势有关键性的影响,为三国鼎立局面的形成奠定了基础。

(四)三国鼎立孕统一

教师:赤壁之战后天下三分的局面逐渐形成。229 年,吴国的建立,标志着三国鼎立的局面形成。随着三国政权的逐步稳定,对外战争的方式没有办法达到一统天下的目的,于是他们加强了内部的统治管理。

提问:请同学们归纳三国治理的智慧,并思考三国鼎立的局面带来了怎样的影响?

材料十一:

曹魏:曹魏时期,屯田制进一步发展,不再仅仅局限于许昌周边,而是拓展到整个淮河流域。在淮河流域上也有很多大型的水利设施,曹魏屯田制的推行以兴修和复修大型水利设施为前提,因此这一时期也是北方水利设施大发展的时期。在这一时期,出现了很多劳动人民的智慧成果,比如马钧改良的翻车,水可以顺着木板从低处到高处,一来节约人力,提高效率,二来遇到涝灾可以排水。反映了当时曹魏劳动人民的智慧。

蜀汉:刘备等人加强了对西南地区的开发。比如说蜀锦,其实在东汉时期,蜀锦的制作工艺已经有所发展,到了三国时期,刘备、诸葛亮加强了对蜀锦的发展,专门设置锦官负责蜀锦的规模制作。所以成都也被叫做锦官城。蜀锦也成了蜀汉重要的经济来源,不仅如此,诸葛亮在南征时又把蜀锦织造技艺传授给各地百姓,使西南少数民族地区的织锦技术有了很大发展,加强了民族交融。

孙吴:孙吴的造船业比较发达,与它得天独厚的自然优势有关,气候适宜、临海。造船业的发达也促进了孙吴海外贸易的发展。在三国时期,孙吴与扶南和林邑等国互市,与罗马也有联系。230 年孙权派卫温到夷洲,加强与夷洲的联系,夷洲也就是今天的台湾。这也是祖国大陆与台湾进行联系最早的历史记载。

材料十二:公元 220 年全国人口降至波谷 2300 万,公元 280 年的时候全国人口增长到 3800 万。

——葛剑雄《中国人口史》

教师引导学生讨论、交流,归纳魏蜀吴在农业、手工业方面的发展。在此基础上教师小结:经济上,局部统一促进了人口的增长、生产的发展和社会的进步;政治上,基本结束了割据战乱的局面,形成了相对稳定的三个政权,为全国统一奠定了基础。三国时期是一个从分裂到统一的重要过渡时期。

提问:今天,我们有很多方式去了解三国时期,如史书、小说、影视作品等。《三国演义》作为中国四大名著之一,常常作为我们了解三国历史的重要载体,那它描述的那些精彩历史故事都是历史事实吗?

材料十三:(关羽)出帐提刀,飞身上马。众诸侯听得关外鼓声大振,喊声大举,如天摧地塌,岳撼山崩,众皆失惊。正欲探听,鸾铃响处,马到中军,云长提华雄之头,掷于地上。其酒尚温。后人有诗赞之曰:威镇乾坤第一功,辕门画鼓响咚咚。云长停盏施英勇,酒尚温时斩华雄。

——《三国演义》

材料十四:(孙)坚复相收兵,合战于阳人,大破卓军,枭其都督华雄等。

——《三国志·孙坚传》

追问 1:上述两则材料记录的"斩华雄"有什么差异?

教师:关于斩华雄,《三国演义》中记载的是关羽温酒斩华雄,但在正史《三国志》中斩华雄的却是孙坚。

追问 2:为什么会有这种差异?你如何看待这种差异?

【设计意图】让学生从记载的时间、人物、目的、性质等信息加以辨析,了解《三国志》和《三国演义》之间的区别,明白史书记载需要追求客观真实。而历史小说为了吸引读者,可以采用虚构、夸张等文学创作手法。因此,理解历史应该基于史书,做到史料实证、论从史出。由于学生受《三国演义》的影响巨大,通过提供两则对比性的材料让学生开展讨论,以此培养"史料实证"的素养是十分必要的。

课 堂 小 结

提问:以史为鉴、开创未来。通过学习魏蜀吴三国的治理措施,我们应该重视什么,对我们今天的国家治理,有怎样的启示?

教师引导学生讨论、交流,根据所学知识与当今社会发展相结合,各抒己见,鉴古知今。坚持以人民为中心,加强经济建设,注重民族团结,维护社会稳定,关注民生、改善民生、造福人民。鼓励学生以梦为马,不负韶华,坚持不懈为人民谋幸福、为民族谋复兴、为世界谋大同而努力学习。

【设计意图】爱国是永恒的主题。学史明智是我们中华民族五千多年的优良传统,作为中学生更应该做到这一点。课堂小结摒弃了传统的知识总结,而以以史鉴今的开放性问题,促进学生灵活运用所学知识,结合生活实际进行深度思考,涵养学生的家国情怀,坚定爱国主义信念。

(执教者:礼嘉中学张爱林)

参考文献

［1］田慧生,刘月霞.深度学习:走向核心素养［M］.北京:教育科学
出版社,2018.

［2］陈理宣.对知识内涵与教学任务的反思［J］.广西教育学院学报,
2006(3):34.

［3］安德森著,皮连生等译.学习、教学和评估的分类学—布卢姆教
育目标分类学修订版［M］.上海:华东师范大学出版社,2009.

［4］赵敏俊.钱穆历史教育思想与实践述论［D］.华东师范大
学,2008.

［5］魏勇.如何设计历史教学问题［J］.历史教学(上半月刊),2019
(1):3—12.

［6］朱立峰.化学系统思维能力:内涵与范例［J］.教育研究与评论
(中学教育教学),2011(8).

第五章
教学进程保持持续力

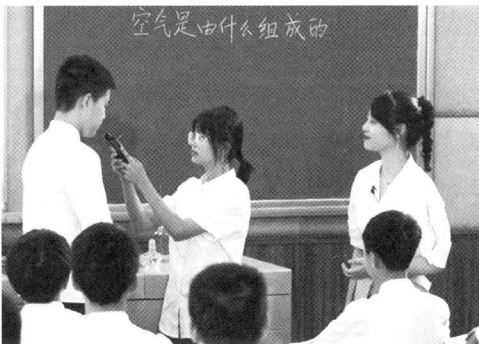

尊重认知规律，全面持续发展

持续指延续，继续，连续不断。教学从来不是孤立的事件，它是一个持续的过程。教师教学过程中不仅需要把握知识的内在一致性、联系性和整体性，还需要把握学生认知发展的规律性和阶段性。因此，教学进程需保持持续力，包括知识内容的连贯性、思维发展的连贯性、学习方法的连贯性和教学环节的连贯性。

构建具有持续力的课堂，教师需要尊重学生已有认知经验，关注学生认知水平变化，合理把握课堂教学规律。教学内容上注重知识间的有效衔接、整合与贯通；教学节奏上注重由浅入深、由易到难，有讲有练、有详有略，快慢结合、张弛有度；教学环节上注重让学生亲身经历知识的发现、习得、内化、迁移的全过程。教学进程保持持续力，能有效避免教学的不连贯、碎片化、无序化，从而有效提升学生学业水平，助力学生核心素养培养落地，提高课堂教学效益。

51

经典语录

中人以上,可以语上也;中人以下,不可以语上也。

——《论语·雍也》

教学必须符合人的天性及其发展的规律。这是任何教学的首要的、最高的规律。

——第多斯惠

教育中应该尽量鼓励个人发展的过程。应该引导儿童自己进行探讨,自己去推论。给他们讲的应该尽量少些,而引导他们去发现的应该尽量多些。

——斯宾塞

教育是一个逐步发现自己无知的过程。

——杜兰特

宋人有闵其苗之不长而揠之者,茫茫然归,谓其人曰:"今日病矣,予助苗长矣。"其子趋而往视之,苗则槁矣。

——《孟子·公孙丑上》

儿童的一切教育都必须遵循一个原则,即帮助孩子身心自然的发展。

—— 玛利亚·蒙台梭利

教师之为教,不在全盘授予,而在相机诱导。

——叶圣陶

博学之,审问之,慎思之,明辨之,笃行之。

——《中庸》

第一节　教学进程符合认知规律

教学进程是指师生在共同完成教学任务中的活动状态变换及其时间流程。生命力课堂注重教学进程的控制，要求教师根据学生认知情况和教学知识内容，对课堂教学的全过程进行合理的教学安排和节奏调控，促使教学进程符合学生的学习心理与接受能力，进而促进学生认知发展，实现教学预期目标。

一、教学进程的意蕴

(一)教学进程的解读

课堂教学进程由各个教学环节联结而成，是一种有目的、有计划的、特殊的认知过程。日本筑波大学教育学研究会编的《现代教育学基础》一书认为："教学过程系指展开教授活动和学习活动的时间流程。"所以，按照教学时间跨度的长短来划分，它可以是一个知识点的教学过程，也可以是一章知识内容的教学过程，还可以是一门学科的教学历程。

最早提出和论述教学阶段问题的教育家是赫尔巴特，他明确地把教学作为一个过程来研究。他认为人们总是用意识中已经存在的旧"观念"去融化、吸收新"观念"，据此，他提出了教学的"形式阶段"理论。这个理论把教学过程分为"明了""联合""系统"和"方法"四个阶段。明了：要求学生专心致志学习新课题的各个要素，达到正确理解为止。联合：建立新概念与已知概念的联系。系统：突出主要思想，把知识整理成贯通的系统。方法：指导学生独立思考，运用系统知识进行练习作业。由此可以看出，赫尔巴特所强调的是系统的知识教学。杜威则认为教学过程中必须以个人生活实践或直接经验作为学习的中心，重视学生的主动活动及其亲身经验。而辩证唯物主义的认识论指出，人类认识是主体对客观世界能动的反映,是由感性认识能动地向理性认识逐步上升和转化的过程;认识反过来能动地指导和推动实践发展;实践和认识是相互作用,循环上升的过程。

综上,课堂教学进程由各个教学环节联结而成,整个教学必须按照教学规律去组织衔接,合理调控知识教学的时间和节奏,完整地构建新知纳入旧知的阶梯,关注知识逻辑严密体系,遵循感性认识和理性认识的统一、认识和实践的统一。

(二)教学进程的分类

教学过程涉及教学目标、教学内容、教学方法、教学组织等要素。下面从知识观、学习观和教学观三个角度对教学进程进行阐述。

1.知识内容的发展过程

核心素养的养成是一个不断积累的过程,"核心素养—学科素养—单元设计—课时计划"成为教师教育活动的基本环节。教材作为学生学习知识、涵养素养的重要载体,教材编写者已经根据不同学段的要求,设计了不同层次水平的知识,并按照某种逻辑和联系进行了排列。由此,教材上的知识是具有结构性的知识,是由无数个知识点通过不同的组织方式连接构成的有机整体,具有连贯性、覆盖性、阶段性和章节性。知识体系是教材的基本结构,体现在教材上的是"单元、章、节",因此,教学过程中,教师需要对单元知识进行整体化、结构化分析,让知识在进入学生认知世界时,不是杂乱无章的,而是有机组合、有序组织的,让知识在学生学习过程中表现为螺旋式上升地生长。

2.认知思维的建构过程

建构主义认为,新知识的获取是基于原有的知识基础,并在一定的社会文化环境中,以人际互动方式和文化交流方式,不断对世界进行探究、掌握和阐释并达到知识构建的过程。[1]皮亚杰认知发展理论指出,学生知识的建构过程要通过同化与顺应两个过程作用才能实现。同化就是指把外部环境中的有关信息吸收进来并整合到已经形成的认知结构图式里;顺应即当个体不能利用原有图式接受和解释新的刺激情境时,个体的认知结构因外部刺激的影响而发生改变,以适应新的情境。皮亚杰认为,同化是量变的过程,而顺应是质变的过程。在认知结构的发展中,同化与顺应既相互对立,又彼此联系,相互依存。在教学中,学习是学生主动进行内在知识构建的过程。学生并不是孤立地接受碎片化的知识,而是在经历获取、联想、调动、激活以往的认知经验中,通过同化或顺应,自主建立知识衔接,形成对新知识的认知、领悟与内化,并建立起更完善的知识体系。

3. 教学节奏的控制过程

有学者指出,教学节奏是教学过程中的教学速度、密度、难度、强度、焦点和热情程度等不断地有一定的规律性变化。[2]课堂教学进程的张弛、快慢、强弱、缓急,应建立在儿童的身心发展规律、知识呈现的逻辑规律、情感迸发的生成规律和课堂进展的自组织规律的基础之上。对于需要学生深刻理解和掌握的知识,教师在课堂中应放慢节奏,引导学生在深层次上挖掘知识的内涵,促进对知识的学习;对于事实性和识记性的内容,可适当加快节奏。此外,学生在课堂上学习时的注意力是存在规律性变化的。已有研究发现,在 40 分钟的一节课里,学生的注意力变化情况可分为 5 个时段,一般呈现出以下变化规律:前 5 分钟为开始阶段;6—15 分钟称为第一高峰阶段;16—20 分钟称为平缓阶段;21—34 分钟称为第二高峰阶段;35—40 分钟称为结尾阶段。[3]因此,教学节奏的快慢强弱、轻重缓急,还要根据学生的学习注意力的变化规律来做出调整。在注意力高峰阶段,教学进程要保持一定的弧度和节奏,尽量减少不必要的课堂讨论和提问;在注意力平缓阶段,教师应放慢教学进程,使学生在放松、和谐的状态下学习。这样,通过张弛有度的安排,将课堂教学置于规律性的动态变化之中。

二、教学进程保持持续力的策略

(一)教学目标层次化,体现目标的生长性

教学目标是关于教学将使学生发生何种变化的明确表述,是指在教学活动中所期待得到的学生的学习结果。教学目标具有导向性、调控性和激励性,是教学活动的"指南针"。从层次上来看,教学目标分为教育目标、课程目标、单元目标、课时目标、环节目标五个层次,体现其纵向的贯通性。以核心素养为核心的课程目标的实现不是一蹴而就的,它是一个不断积累和生长的过程,它需要将单元目标、课时目标、环节目标层层细化,逐步落实。因此,在分析教材、进行教学目标设计的时候,需要站在单元知识高度乃至从整个知识体系来把握,根据具体的教学内容、学生实际的学习情况乃至具体的学习环境加以生成和细化。

例如,《普通高中历史课程标准(2017 年版 2020 年修订)》将时空观念素养及其表现水平划分为四个层次。水平一要求学生能够辨别和运用时空的不同表示方式,如西方的年代、世纪等,中国的朝代、年号等,以及地域、区域等,要求学生掌握基本的时空术语;水平二要求学生能够在特定的时空下应用年表、地图等方式对史事进行描述,能够从政治、经济、文化、军事等方面认识史事的发生发展过程,要求学生掌握分析历史事件的基本要素和基本途径;水平三则要求学生能够跳出单个历史事件,从事物发生发展的联系性、必然性、发展性的角度纵观历史发展演进过程规律,培养大时代和大格局意识;水平四要求学生能够用历史的眼光解决现实问题,能够灵活选择恰当的时空尺度对事件进行分析、比较和论述,能够深入认识事件本质,把握发展规律,预测未来走向。

同时,课程标准给出了教学目标设计,示例如下:运用时空定位,分析长安、东京的历史地位,认识都城是唐宋社会繁荣的重要标志。

例如,高三历史复习《秦汉时期盐铁官营的思考》课堂教学目标设计[4]:

(1)基础目标:利用"时间轴"、历史地图明确盐铁官营的发展关键节点;熟悉掌握"时空观念"的基本表达形式;从时空与历史事件、人物的对应关系中发现问题,提出问题。

(2)发展目标:能将汉武帝时期盐铁官营政策置于"大一统"时期这一时空条件下进行探讨。

(3)拓展目标:在分析秦汉时期盐铁官营形成因素的过程中,加深对经济基础与上层建筑关系这一基本原理的理解。

(二)教学内容系统化,体现知识的整体性

生命力课堂注重通过整体观让学生明白所学知识的前后关联。这里的整体观包括知识本身的结构性,也包括知识与其背后所蕴含的能力、思想、方法、价值观的整体性,还包括知识与现实世界的一致性。生命力课堂倡导单元教学,注重围绕核心要义,借助问题驱动,将具体、微观、零星的知识点置于大体系、大格局、大观念中加以理解和诠释。

例如,高中数学"平面向量"知识的学习过程:具体例子(抽象)→向量的概念→向量的表示法→特殊的向量→向量间的关系→向量运算。"函数"知识的学习过程:具体例子(抽象)→函数的概念→函数的表示法→特殊的函数→函数的性质→函数的应用。知识的呈现需要体现出数学对象研究的一般套路。又如,数学课堂上在学习新的一章内容的起始课时,我们不仅要让学生感受本章知识的内在结构和主要的数学思想方法,还得让学生了解本章内容与已学知识之间的联系,以及让学生思考能否类比以前学习某些知识的方法来学习本章知识等,从知识、技能、情感、价值观等各方面来整体架构本章所学内容。比如在进行《分式》这一章的学习时,让学生通过实际问题的求解和类比数的计算两个角度发现分式存在的合理性,进而类比分数研究的一般思路(定义、性质、运算)研究分式,从而得

出分式这一章学习的主要内容,让学生对《分式》这一章的知识有一个整体的结构框架,避免了碎片化教学,体现出课堂的延续性。又如,学生学习"对数函数"的相关知识点时,教师可将其与"指数函数"知识点联系起来开展整体式教学,教师可合理利用学生已经掌握的"指数函数"知识点结合具体状况与对数函数的性质进行对比学习,通过这种方式不仅可进一步降低学生对问题的理解难度,而且便于学生将各个知识点进行有机联系,为其构建系统知识体系打下良好基础。

例如,高中历史《辽宋夏金元的文化》的教学片段:

材料1:孔子,"德治""仁者爱人";孟子,"民贵君轻";荀子,"君舟民水"。

材料2:未有天地之先,毕竟也只是理,有此理,便有此天地;若无此理,便亦无天地,无人无物,都无该载了!有理,便有气流行,发育万物。

——《朱子语类》

教师:比较材料1,2,思考宋明理学与传统儒学相比有了什么新变化?

学生:多了"理"。

教师:儒学家们是怎样来阐释"理"的呢?

学生:有此理,便有此天地;若无此理,便亦无天地,无人无物。"理"为万物的本源。

教师:为什么在宋代,儒学要关注万物的本源问题?

学生:在五代十国时期,社会非常混乱,人们生活在水深火热之中,需要寻找精神寄托,这个时候,由于道教和佛教的传播与兴盛,冲击了儒学的正统地位,为了新的发展,儒学吸收了佛教和道教关于万物本源的理念。

教师:非常棒,正是由于对万物本源的思考,不仅完善了儒学体系,而且使得儒学出现了思辨化和哲学化的趋势。

(三)教学活动程序化,体现认知的逻辑性

　　学生的知识建构是将学生的已有经验与新学知识进行关联、整合与结构化。知识整合教学正是通过诱出想法、添加想法、辨分想法、反思和整理想法等环节将学习者碎片化的知识转化为连贯性想法的过程。生命力课堂注重让学生有足够的时间和空间经历观察、操作、猜测、推理、验证、归纳等活动过程,注重让学生亲身经历知识的发现、形成、发展的过程,让学生在感受、体验、体悟知识的丰富内涵和价值中实现认知的发展,情感的充盈。

　　例如,数学概念的形成需要从大量的实例出发,通过观察、归纳、抽象、概括出事物的某类本质属性,并通过提出各种假设加以验证,从而得出概念。比如,在进行初中数学"三角形的内角和"知识的教学时,可以从学生手中的一副直角三角板出发,根据测量得到直角三角板三个内角和为 $180°$,引发学生思考任意三角形三个内角和是多少,体验概念形成从特殊到一般的过程;然后通过画一画、量一量、剪一剪、拼一拼等实践操作,将任意三角形的三个内角拼合在一起,构成一个平角,进而猜想任意三角形的三个内角和为 $180°$ 。任何一个猜想必须经过严格的数学证明才能成为定理,因此,引导学生通过将实物图形抽象成数学几何图形,从而作出相应的辅助线,进而实现推理证明。

　　例如,初中化学《空气是由什么组成的》的教学片段:

　　环节一:

　　猜想与事实:根据生活事实经验猜想空气中有哪些物质。

　　学生1:我们在之前的生物课上学习过光合作用和呼吸作用,它们都和二氧化碳、氧气有关,我猜想空气中有二氧化碳和氧气。

　　学生2:之前,我打开过一包薯片,一段时间后它就变软了,我猜测空气中有水蒸气。

环节二：

思考与交流：走进拉瓦锡实验，解释实验现象并得出结论。

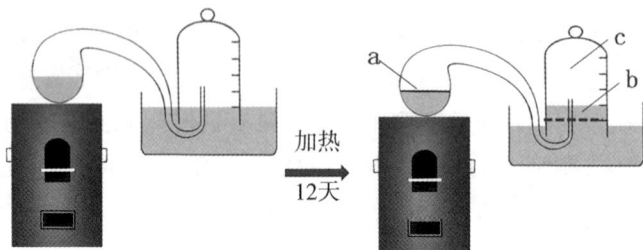

图 2-6 拉瓦锡实验

教师：银白色的汞变成红色的粉末发生在哪里？发生了怎样的反应？

学生 3：发生在 a 处，汞和氧气在加热条件下反应生成氧化汞。

教师：钟罩内的 b 是什么？c 是什么？他们的体积与钟罩的体积是什么关系？b 占据了谁的位置？

学生 4：b 是上升的汞，c 是剩余的氮气，b 约占钟罩体积的五分之一，b 占据的是消耗了的氧气的位置。

教师：如果将曲瓶颈里的红色固体加热，得到的氧气重新充入钟罩内会是什么现象？

学生 5：b 会下降至汞槽内，钟罩内会得到原有的空气。

教师：拉瓦锡得出的结论是什么？

学生 6：空气由氧气和氮气组成。

环节三：

归纳与应用：模拟拉瓦锡的实验，并解释实验现象。

教师：你能设计一个实验，同样得出上面的结论吗？

"具体例子（抽象）→概念的学习"常常是"具体事例→观察、实验→比较、分类→分析、综合→抽象、概括"的过程，让学生有机会通过自己的类比、归纳而获得概念。

(四)教学方法结构化,体现策略的连贯性

整体性学习策略主要包括获取、理解、拓展、纠错、应用。因此,学生在课堂上的学习需要经历知识的获得、知识的理解、知识的运用这三个环节才显得完整。杜威的学生克伯屈在杜威教学思想的影响下,将教学过程进一步清晰化:创造情景、引发动机、确定目的、制定计划、实行计划、评价成果。生命力课堂从整体性学习策略出发,提出教师实际课堂教学的七个关键环节:课堂引入、知识呈现、探究活动、展示交流、课堂练习、反馈评价、课堂小结。围绕每一个环节,探索有效的教学方法和策略,进而提高课堂教学效率。

(五)教学过渡自然化,体现环节的衔接性

一堂真正成功的课,巧妙的过渡语是必不可少的。所谓过渡语,是指在课堂教学中由一个问题向另一个问题过渡时所使用的语言。在一堂课中,教师往往要讲述几个方面的知识,为了使各知识点之间能够自然地衔接,就应该设计一些巧妙的过渡语,总结前半部分知识,又映射后半部分要学习的内容,整个教学过程符合学生的认知规律。自然的过渡,能持续吸引学生的兴趣。

例如,高中地理《海水的性质》的教学片段:

教师:同学们,请观看一个短片,注意里面男主角养的是什么?发生了什么事情?

(播放《咱家那些事》视频。)

学生:养的是海参,马上就要上市了,结果淡水进池子里了,养的海参全死了!

教师:海参是生活在海水中的软体动物,最适宜生长在盐度$24‰\sim35‰$的海水里。海参为什么全死了呢?

学生:池子里进了淡水,盐度发生了变化。

教师:那什么是盐度?今天就来讲讲水和盐的故事——海水的盐度。

又如:

教师:通过探讨,我们明确河流入海口附近,汛期盐度低,枯水期盐度高。也就是说盐度随时间而发生变化。那大家还知道其他区域盐度随时间的变化规律吗?

学生:朗读新闻材料(海参圈里的海水流动性很差,前段时间的低温严寒天气把整个海参圈都冻上了。冬天海参在圈里冻着的情况比较正常,没什么关系。但是海冰开化……海参在圈里就有危险了! ——2月22日《半岛晨报》)。

教师:"海冰开化"处省略了什么?

学生:海冰开化,盐度降低,不再适合海参生存。

教师:嗯! 在中高纬度海区,海水结冰、融化都会引起海水盐度的变化,所以中高纬度海区盐度的时间变化,有怎样的分布规律呢?

文章有了过渡,才能成为和谐连贯的整体;教学有了起承转合,才能成就生机灵动的课堂,才能使课堂成为一个连贯紧凑、浑然天成的有机整体。但在处理课堂过渡语时需要注意课堂过渡语的导引性和衔接性,在"导"与"接"上显能耐。在平时的教学中,要研究教学用语,精心设计过渡语,为课堂增光添彩。

(六)教学节奏合理化,体现节奏的韵律性

课堂教学节奏主要是指在教学过程中教与学、问与答、讲与练等活动交互出现的各种有规律的发展变化。在教学设计时,教师要根据教学内容和学生学习情况做好充分的安排,就归纳总结、记忆巩固、灵活运用等环节按照轻重缓急进行设置,除了要有高潮部分,让学生思维处于高度激动、亢奋、集中的精神状态,能够快速、准确地掌握知识与技能外,也要有平稳部分,让学生思维处于比较平和、稳定的状态,能够思考和回味所学的课堂知识。[5]生命力课堂注重通过教学情感的浓淡相间,教学方式的动静相生,教学语言的抑扬顿挫等灵活调控教学速度、行为和师生情绪的缓急、强弱、高低,创造出起伏有致、张弛有度、动静交错的律动美。例如,在教师讲解、师生问答之后,不妨让学生来一个小结,教师适时板书,画龙点睛,

使课堂气氛由动转静，既能调整学生的情绪，又可加深学生对知识的巩固理解。

例如，初中数学《直线和圆的位置关系》的教学片段[6]：

教师展示日出全过程。

教师：如果把太阳看作圆，海平面看作直线，通过观察，谁能说说圆和直线有几种位置关系？

学生1：有相交、相切、相离。

教师：如何判定直线和圆的位置关系呢？

（等待4分钟，让学生先独自思考，然后讨论。）

学生2：利用圆心到直线的距离与半径的大小关系进行判断。

教师：还有其他方法吗？

学生3：利用直线和圆的公共点个数进行判断。

从日出现象抽象出数学问题——直线和圆的位置关系，对学生抽象思维和逻辑推理能力要求较高，此时，将教学节奏放慢，给予学生充足的思考时间，在学生独立思考的基础上再组织小组合作交流，而后归纳出直线与圆位置关系的结论，把感性认识和理性认识相结合，使知识得到螺旋式上升，锻炼学生的思维能力，提高课堂教学效率。

（七）教学评价多元化，体现应用的迁移性

课堂教学评价是根据教学目标对课堂教学中的诸要素及其发展变化进行价值判断的过程。[7]课堂教学评价具有导向功能、鉴定功能、诊断功能和发展功能。教师可以根据对自身课堂教学的评价，检验学生学习目标的达成情况，针对出现的问题提出有针对性的改进方案，进　步帮助学生内化所学知识，提高知识迁移的能力。知识的迁移与应用强调学生学习结果的外化，是检验知识被学生内化的重要途径之一，是学生学习成果的集中体现。因此，生命力课堂注重用变式训练、概念辨析、实践应用等迁移性应用检验学生能否灵活地运用所学知识解决问题，如在数学课堂中，教师在每个知

识点学习结束后,通过变式训练了解学生对知识的掌握情况,或创设实际问题情境,让学生通过建立数学模型解决问题,培养模型思想意识,检验学生灵活应用能力。

例如,高中政治《经济生活》课例[8]:

初次分配和再分配都要注重效率和公平,再分配更加注重公平是实现社会公平的重要举措。下列体现"再分配更加注重公平"的措施是

A.提高企业职工最低工资标准

B.调整银行存贷款利率

C.提高城市居民最低生活保障标准

D.建立企业职工工资正常增长机制

变式一:我国政府是如何通过初次分配和再分配来实现分配公平的?

变式二:有人认为只要提高效率,发展生产力,就能实现分配公平。请用《经济生活》中的有关知识加以评析。

通过变式训练,层层递进,逐步加深,有利于学生巩固核心知识点,完善认知结构。

总之,教学从来不是孤立的事件,它是一个持续的过程。"碎片化"的教学已经严重阻碍了学生认知的发展,素养的养成。从"碎片化"到"整体化"的课堂教学转型,已经成为落实学生核心素养的重要抓手。课堂中,教师需要确定综合目标,整合教材内容,结合认知发展规律,探索整体化教学的基本策略,从而提高课堂教学的有效性,助力学生核心素养培养落地。

第二节　典型案例

初中生物《二十四节气之霜降》

一、教材分析

本节内容选自以二十四节气为主线开发的初中生物学实践活动课程《节气里的生物密码》,教材将中华优秀传统文化的弘扬、劳动教育的落实及生物学学科核心素养的培育巧妙地结合在一起,以崭新的生物学视角带领学生感知中国先民的独有智慧,展示生物学科的育人价值和传统文化的魅力。霜降是二十四节气中的第十八个节气,教材从节气概述、霜降三候、探究叶片"换装"的奥秘等方面对霜降节气物候特点、节气习俗以及其中蕴含的生物学密码进行讲述,旨在通过引导学生观察自然现象、体验文化习俗,培养学生的自然观察能力、科学思维能力和探究能力,培养学生热爱劳动、尊重自然、亲近自然、保护自然的情感,建立起学生对国家民族浓厚的情感。

二、教学目标

(1)通过对霜降节气的学习,认同二十四节气是我国古代劳动人民长期经验的积累成果和智慧的结晶,是宝贵的科学文化遗产,建立民族自豪感。

(2)通过了解与霜降节气相关的民俗文化,带领学生感受自然的变化,增强学生热爱自然、热爱中国传统文化的情感。

(3)通过开展系列实践活动,培养学生热爱劳动、尊重自然、亲近自然、感受自然的情感,树立保护自然的意识。

三、教学重难点

(1)了解霜降气候、物候特征、节气习俗。

（2）从生物学角度探究霜降时的自然现象。

（3）认同二十四节气是我国古代劳动人民劳动智慧的结晶,优秀的传统文化需要我们去传承。

四、教学过程

情境:老师国庆回到家,发现邻居家院子里的柿子树上挂满了柿子。我看着一个个橙黄色的柿子,非常的馋,就想向邻居讨一个尝一尝。邻居颇有深意地笑着,直接从树上摘下一个就让我尝,我赶紧削了皮,一口咬下去,满嘴青涩的味道,并不如我想象的甜美。这时邻居才说:"现在吃柿子还有点早呢,要再过一段时间才能吃。"到底要在什么时候才能够吃到甜美的柿子呢? 同学们,你们知道吗?

教师:当霜降这一时节到来时,柿子变得皮薄肉甜。霜降是二十四节气之一。二十四节气是我国先民通过对自然现象的长期观察、探索,总结出来的能反映季节的变化,指导农民进行农事活动的规律,二十四节气影响着千家万户的衣食住行。随着天气逐渐变冷,霜降节气即将来临,现在就让我们一起打开霜降的大门,开启霜降之旅吧!

(一)霜降初相识

1. 识——节气由来

教师:古人根据太阳在黄道上的位置,把一年划分为24个彼此相等的段落,也就是把黄道分成24个等份,每等份各占黄经15度,为一个节气。从立春到大寒,共二十四节气。由于太阳通过每等份所需的时间几乎相等,所以二十四节气的公历日期每年大致相同。在每年的公历10月23日或24日,太阳运转至黄经210度时,霜降来临。2020年的霜降节气将从10月23日持续到11月6日。

2. 识——气候特点

提问:霜降是秋季的最后一个节气,作为由秋到冬的过渡节气,这时有着怎样的气候特点呢？这时天气渐冷,黄河流域初霜出现。重庆这时会有初霜吗？为什么呢？

活动:学生根据资料找出古人总结的霜降气候特点,对比此时重庆的气候特点。

教师:原来,古人在总结二十四节气时,是以黄河流域为参考,而重庆位于长江流域,我国幅员辽阔,南北气候差距大,此时重庆距离初霜出现,还有一到两个月时间。霜降时,冷空气侵袭,气温骤降,昼夜温差变化大,明显感到早晚较冷,空气干燥。俗话说"霜降杀百草",北方霜降过后,植物渐渐失去生机,大地一片萧索。

提问:(1)霜是如何形成的呢？是从天上降落的吗？

(2)《月令七十二候集解》记载:"九月中,气肃而凝,露结为霜矣。"意境比较唯美。但是,同学们,露滴能形成冰霜吗？

【设计意图】观察自然现象,与古人所总结相比较,用思辨的眼光看待古人总结的规律的局限性,让学生知道,二十四节气的规律不能在山城地区生搬硬套,树立求真求实的思想品质。

3.识——霜降三候

提问:气候的变化,往往会引起物候的改变。古人在观察气候时,会对每个节气典型的三个物候现象进行总结,霜降三候分别是什么呢？从你们手中的资料单里寻找答案吧。

图 2-7　霜降三候

活动：走进三候，老师选择三位同学为大家描述"我眼中的三候"。

4. 识——山城物候

教师：虽然此时动物开始冬眠，但在重庆，霜降时节将迎来再一次农忙。再生稻的收割，农民伯伯们再次获得收获的喜悦。此时长江中下游也迎来蚕豆播种，这时的气候有利于蚕豆种子萌发生根。从秋季白露"一候鸿雁来"，到春季雨水"二候候雁北"，重庆的山间河流为大量冬候鸟提供栖息之处。如国家一级野生保护动物中华秋沙鸭，全球数量稀少，国内仅有一千余只，每年会有三十多只秋沙鸭跨越南北来到重庆越冬，仅在重庆江津的一条名为綦河的河流栖息。

提问：请同学们谈谈霜降到来的重庆发生了哪些变化？

教师：从大家的回答中，老师感受到同学们对日常生活都有细心的观察，红彤彤的柿子、色彩鲜艳的菊花、绯红的巫山红叶……构成霜降时节靓丽的风景线。

【设计意图】同学们用日常生活的所见、经历归纳霜降时节重庆的物候特征，他们眼中美丽的独特景色，满是对美丽山城的热爱之情；他们能看到农人忙作之景，是对辛勤劳动精神的钦佩之情；"鸟中国宝"中华秋沙鸭光临山城，树立学生为美丽山城、绿色生态的自豪之情。

（二）习俗巧探秘

1. 探——节气习俗：赏菊

提问："霜降之时，唯此草盛茂"，大家猜测这里的"草"指的是什么？

教师：霜降时节，正是菊花盛开之际。在古代，民间会举行菊花会，文人雅士，赏菊饮酒，作诗写赋，以表达对菊花的喜爱和崇敬。现在，城市公园中，也会有菊花展举办，吸引游客前去观赏。同学们,你们去赏菊的时候,记得多拍照,帮老师积累素材哦。

2.探——节气习俗:吃柿

提问:在南方很多地区都有吃柿子的习俗。俗话说"霜降吃灯柿,不会流鼻涕"。大家知道为什么会有这样的说法吗?

教师:人体的肺喜湿润而不喜干燥,秋冬季节天气干燥,容易出现鼻干、咽燥、口渴、干咳等现象,人体免疫力低下,感冒流鼻涕等症状随之出现。柿子具有润肺功效,能清热止血,所以才有吃柿子不流鼻涕的说法。

提问:在吃柿子后,父母会强调我们不能接着吃螃蟹,这是为什么呢?

教师:中医学认为,螃蟹与柿子都属寒性食物,故而不能同食。从现代医学的角度来看,含高蛋白的蟹、鱼、虾在鞣酸的作用下,很易凝固成块,即胃柿石,引起消化不良,胃部不适。老师为同学们寻找了重庆柿子采摘攻略,喜欢柿子的同学记得收藏哦,错过就得再等一年!

图2-8　重庆柿子采摘攻略

教师:柿子不仅鲜吃美味,还可以制作成柿饼!柿饼是中国著名的传统小吃,通过天然晒制而成。大家认识李子柒姐姐吗?让我们跟着她的步伐,体验柿饼制作的传统工艺。

活动:观看柿饼制作视频,感受柿饼制作工艺流程。

69

图 2-9　柿饼制作工艺流程

提问:除了这些习俗,同学们你们还知道哪些霜降习俗呢?

【设计意图】对节气习俗进行探秘,赏菊、吃柿、进补、登高远眺,都是生活中容易实现的事情,鼓励学生亲身体验,在愉快放松的同时,也是对节气习俗的传承。其中,在吃柿习俗中,引领学生健康吃柿,关注自身健康;观看传承中国传统文化的"网红"李子柒的柿饼制作视频,带领学生体验柿饼制作的传统工艺,介绍传统染色工艺——柿染的独特性,让学生在感叹古人智慧的同时,认识到文化传承具有多种途径。

(三)霜降拓视野

问题:霜降后,在秋风的抚慰下,枫树等叶片变红,而银杏的叶片则会由绿变黄。树叶呈现的颜色跟树叶细胞里含有的什么物质相关呢? 绿色叶片是如何换装的呢?

活动:探究植物叶片换装的秘密,寻找两位自告奋勇的同学,在黑板上贴出跟叶片变色相关色素含量变化的卡纸。(准备卡纸,将绿色、红色、橙黄色卡纸剪成树叶形状;准备表示叶绿素、叶黄素、胡萝卜素、花青素含量变化的卡纸。)

追问 1:霜打的萝卜为什么更甜?

活动:根据资料单中内容,寻找答案。低温下,发生应激反应,蔬菜体内复杂有机物转化成葡萄糖,蔬菜含糖量提高。

教师：因此，"霜打菜"味道甘甜，常见的有萝卜、菠菜、白菜等。其实这是蔬菜适应环境变化，启动自我防御机制，主动调节细胞液浓度，防止自身细胞被破坏的结果。

追问2：那细胞液中糖分含量跟低温环境有怎样的关系呢？

活动：观看视频，探究纯水与糖水结冰情况——细胞液中糖浓度越高，寒冷环境下越不容易结冰。

教师：但是有些新鲜蔬菜转化葡萄糖太慢或者不够时，液泡结冰、细胞间隙液结冰，导致蔬菜发生冻害，如还在枝条上挂着的茄子，经不住寒冷的打击而变得外皮发皱（俗称"蔫了"）。

追问3：为抵抗霜冻带来的恶劣影响，人们通过多种方式防霜冻。你知道有哪些防霜冻的方式呢？

图2-10 霜降节气习俗

【设计意图】面对霜冻的恶劣环境，人们通过多种方式防霜冻，引发学生对劳动人民智慧结晶的赞叹之情，树立热爱劳动人民、劳动光荣的积极情感。

教师：今天的霜降之旅告一段落，但同学们，我们对二十四节气的了解才刚刚开始，老师邀请同学们一起朗诵二十四节气歌。2016年，二十四节气被列入了联合国教科文组织人类非物质文化遗产名录。二十四节气这一博大精深的中华文化被呈现在世界眼前，中华优秀传统文化，需要我们不断传承。对于其他节气，同学们可能不太了解,希望通过这首节气歌,能带领同学们一步一步认识二十四节气!

课后实践活动:体验柿饼的制作;播种蚕豆并观察记录。

【设计意图】由霜降节气升华到二十四节气这一非物质文化遗产,引导学生做优秀传统文化传播者。通过对霜降节气感性解读,引导学生对节气中的植物、人们的活动进行实践,激发学生对传统文化的探索兴趣。通过制作手工柿饼,锻炼同学们的细心与耐心,感受柿饼制作工艺流程;分组探究蚕豆生根发芽的条件,动手播种蚕豆,将科学探究与农事劳动相结合,培养学生吃苦耐劳的品质。

(执教者:礼嘉中学熊晓羽)

参考文献

[1] 黄贵兰.基于建构主义学习理论的高中英语非谓语动词教学策略研究[D].西南大学,2020.

[2] 李如密.教学艺术论[M].济南:山东教育出版社,1995:207.

[3] 孙菊如,陈春荣,谢云等.课堂教学艺术[M].北京:北京大学出版社,2006:62.

[4] 张友文.关注"会学"重视"成长"—《秦汉时期盐铁官营的思考》学习目标建构之反思[J].福建基础教育研究,2018(10):91—93.

[5] 潘雪姣.中小学课堂教学节奏研究[D].青岛大学,2017.

[6] 严云飞.试论初中数学课中的课堂等待与教学节奏调控[J].中学教学参考,2021(18):43—44.

[7] 北京教科院基础教育教学研究中心课堂教学评价研制小组.课堂教学评价体系的研究与实验[J].课程·教材·教法,2003(02):45—49.

[8] 王延东.变式训练在高三政治习题教学中的运用[J].中学政治教学参考,2012(31):63—65.

第六章
课堂育德浸润情志力

德礼化人，美雅有礼

人无德不立，国无德不兴。孔子说："道之以德，齐之以礼，有耻且格。"我们渴望"德""礼"的社会，我们需要"有耻且格"的公民。

情志力，就是情感、态度、价值观。情感决定并形成态度，而态度体现情感，价值观是情感和态度的升华。[1] 充满情志力的课堂，能触动学生心灵，陶冶学生情操，促进学生全面健康发展。

课堂育德浸润情志力，要求教师坚持"目标的整体性、内容的丰富性、方法的多样性、过程的连贯性、同伴的协同性、效果的浸润性"等原则，将知识传授和情感、态度、价值观培养有机融合，通过整合教学目标、充实教学内容、改进教学方法、完善教学评价等方式，在教学的各个环节因地制宜地、灵活地开展育德实践，使德育入脑又入心，促进学生的道德认知、情感、意志、行为的发生与发展，从而培养出具有良好道德品质和健全人格的学生，培养出能担当民族复兴大任的时代新人。

经典语录

大上有立德,其次有立功,其次有立言。

——《左传·襄公二十四年》

大学之道,在明明德,在亲民,在止于至善。

——《大学》

静以修身,俭以养德,非淡泊无以明志,非宁静无以致远。

——诸葛亮

不患位之不尊,而患德之不崇;不耻禄之不伙,而耻智之不博。

——张衡

教育的唯一工作与全部工作可以总结在这一概念之中——道德。

——赫尔巴特

我认为教育者的首要使命,在于帮助自己的学生赞赏道德美并被这种美所鼓舞,使他坚定地相信,美和真理总是会胜利的。

——苏霍姆林斯基

没有情感,道德就会变成枯燥无味的空话,只能培养出伪君子。

——苏霍姆林斯基

教学如果没有道德教育,就是一种没有目的的教学;道德教育如果没有教学,就是失去手段的教育。

——赫尔巴特

没有伟大的品格,就没有伟大的人,甚至也没有伟大的艺术家,伟大的行动者。

——罗曼·罗兰

第一节　课堂育德涵养道德品格

全面推进学科育德是落实立德树人根本任务的战略举措。《中小学德育工作指南》指出,充分发挥课堂教学的主渠道作用,将中小学德育内容细化落实到各学科课程的教学目标之中,融入渗透到教育教学全过程。基于此,生命力课堂始终坚持育人为本、德育为先,将社会主义核心价值观、优秀传统文化等有机融入教育教学全过程,让学生所经历的每一节课不仅是知识层面的学习与提高,也是开阔视野、滋养生命的历程;既有思维的触动,又有心灵的润泽。

一、课堂育德的意蕴

(一)课堂育德的解读

"育德"一词,在我国最早出现于《易经》:"山下有风,蛊;君子以振民育德。"大意是君子救济人民,帮助人们涵养、培育自己的德行。学生道德品格的形成与发展都是建立在一定的学科知识学习之上的。教师课堂育德是指教师在课堂教学过程中积极主动地挖掘教学内容的德育价值,并将育德内容有机融入其中,综合显性的、隐性的多种方式引导学生形成正确的世界观、人生观和价值观的教育活动。[2]所有的育德活动都是为了增强学生的品德修养,健全其人格。

程伟在《中小学教师课堂育德的内涵、困境与突破》一文中指出,教师课堂育德具有五个特征:一是主动性。教师课堂育德是教师的一种主动的、自觉的、积极的课堂教学行为,教师应在内心真正认同这一行为对学生健全人格发展、健康成长的重要作用,并转化为相应的课堂教学行为。二是全面性。教师课堂育德面向的是全体教师、全部课堂,要求所有教师、所有课堂都应当主动地、自觉地承担育德的任务。三是价值性。教师课堂育德指向的是学生价值观的培育,因此不论是课堂教学的内容、方式还是其他方面都应当是积极的,正向的。四是规范性。课堂教学本身就具有育德的要求,教师课堂育德首先是遵循课堂教学的基本规范,比如,从课标中分解课堂育德目标,从教材内容中挖掘育德内容等等。五是生成性。教师课堂育德除了符合教学常规之外,还应灵活多变。课堂教学瞬息万变,学生对问题的回答、课堂中的突发事件往往会打破教师对课堂教学的预设。这就要求教师灵活处理课堂教学中的突发问题,通过对这些问题及时恰当地处理生成新的育德点,不断培育育德机智。

(二)课堂育德的内容

核心素养是学生应具备的、适应终身发展和社会发展需要的必备品格和关键能力。品格指人的"品行和德性",是个体应具备的、适应终身发展和社会发展需要的道德品质和人格特质的综合体,是道德素质的核心。由此,涵养学生品格成为课堂育德的主要目的和内容。党的十八大以来,我国高度重视培育和践行社会主义核心价值观。社会主义核心价值观包括三个层面的内容,具体为国家层面的价值目标(富强、民主、文明、和谐)、社会层面的价值取向(自由、平等、公正、法治)、公民个人层面的价值准则(爱国、敬业、诚信、友善)。"爱国、敬业、诚信、友善"正是当代中国公民应具备的基本道德品质。党的十九大报告又进一步明确提出:"加强社会心理服务体系建设,培育自尊自信、理性平和、积极向上的社会心态。"自尊自信、理性平和、积极向上的良好社会心态正是健康的人格特质。[3]综上,课堂育德应该关注道德品质和人格特质,帮助学生养成未来公民所必须遵守和履行的道德准则和行为规范。

二、课堂育德浸润情志力的策略

课堂育德需要教师遵循立德树人理念,转变育德观念,增强育德意识,以社会主义核心价值观融入教育教学全过程为导向,通过明确育德目标,挖掘育德素材,创新育德方式等途径,使得课堂教学目标有德育着力点、教学内容有德育融合点、教学过程有德育浸润点、教学评价有德育强化点，着力提高德育实效，从而提升课堂品质，浸润学生心灵真、善、美。

（一）了解学科特性，把握育德功能

各学科都包含着丰富的育德功能，如语文课蕴含正义、同情、和谐共处、人道主义；历史课蕴含正义、友善、宽容、理解；外语课蕴含尊重、国际理解、宽容；数学课蕴含严谨、坚韧；科学课蕴含敬畏、感恩。[4]《中小学德育工作指南》从总体上、按照类别对不同学科的育德功能提出了要求。如语文、历史、地理等要利用课程中语言文字、传统文化、历史地理常识等丰富的思想道德教育元素，潜移默化地对学生进行世界观、人生观和价值观的引导。数学、物理、化学、生物等要加强对学生科学精神、科学方法、科学态度、科学探究能力和逻辑思维能力的培养，促进学生树立勇于创新、求真求实的思想品质。音乐、体育、美术、艺术等要加强对学生审美情趣、健康体魄、意志品质、人文素养和生活方式的培养。外语课则要加强对学生国际视野、国际理解和综合人文素养的培养。因此，教师在传授学生知识和技能的同时，应充分了解学科特性，把握学科育德功能，利用学科育德素材，通过潜移默化、耳濡目染的方式，对学生开展道德、价值观教育。另外，育德是通过一定的载体来实现的，要根据学科特点设计显性与隐性相结合的全方位、多渠道的育德体系，以凸显和加强学科德育。因此，教师要充分挖掘教材中明显的思想内容、教材中暗含的价值取向、学科知识及其背景，还有其中蕴含的思想和方法及其背后的动人故事，学科发展中所形成的学科文化。

比如，初中语文统编教材采用"人文主题"和"语文要素"双线组织的单元结构方式，凸显语文学科人文性与工具性的统一。我们可根据育德目标，基于这些人文主题进行整合，形成更为明晰的育德体系。比如，七上第一单元，围绕自然美景，选择了古今写景抒情名篇，我们可就此确定育德单元目标：引导学生热爱自然，激发学生的

审美情感。七上第二单元是亲情单元,我们可确定育德目标:感受亲情,孝老敬亲,培养学生的感恩心怀。七上第四单元人文主题为"人生之舟",选文有《纪念白求恩》《植树的牧羊人》《走一步,再走一步》等,我们可由此确定育德主题:珍爱生命,过有意义的人生。同时,我们还可以将此单元与七下第三单元的"小人物"单元整合,让学生思考如何规划人生,如何让平凡的生命具有崇高的意义。

例如,初中语文名著研读《红星照耀中国》的教学片段:

教师:我们发现他们所有人在红星的感召下,格局都发生了很大变化。要知道格局是很难改变的,西北的红星到底给他们施加了怎样的魔法,让他们产生如此大的变化呢? 如果用二字词语给这个魔法命名,你会将之命名为什么? 请同学们分小组讨论,并派代表回答。

学生1:追求。

学生2:信念。

学生3:梦想。

教师:同学们说得没有错,今天老师给大家说一个词,也许这个词大家听起来比较陌生,但它一定是精炼而又能高度地把红军精神境界概括出来的词,那就是信仰。信,就是信念;仰,就是高度。仰头看,就像那颗红星,在天空照耀。信仰是一生都要去追求的,甚至不惜付出生命的力量。

【板书:信仰】

教师:如果信仰有颜色,你们觉得是什么颜色?

学生:红色。

【板书:红色】

教师:那为什么信仰的颜色偏偏是红色? 红色有什么特殊意义呢?

学生:红色表达庄严热烈,象征着革命,代表着积极斗争的行为,流血牺牲的精神。

教师:这样的红色信仰力量强大,具有让人变色的魔力,不论原本是什么底色的生命,因为西北红星,他们都汇聚成了具有强大力量的红色,而当斯诺离开红色中国时,也染上了一抹无法抹去的红色。由此,他们完成了从不同生命状态到相同红色信仰的转变。

《红星照耀中国》作为一部纪实文学,一部红色经典,本身就包含着太多的育德元素,所以要充分利用这样的载体,培育学生的道德品格。

例如,地理教育最为核心的价值观是"人地观念",它包含着正确的自然观、资源观、环境观、人口观、发展观等。对学生正确人地观念的培养是落实生态文明教育的重要途径,是实现学科育德功能的重要方式。

比如,高中地理《区域水土流失及其治理——以黄土高原为例》的教学片段:

播放"黄土高原纪录片",让学生感受黄土高原,引导学生思考。

教师:视频中黄土高原留给你最突出的印象是什么?

学生:贫穷。

教师:为什么这么穷呢? 你能用一种颜色来描述他们生活的环境吗?

学生:黄色。因为没有植被。

教师:为什么会形成这样的环境? 一直以来都这样吗?

学生思考并回答。

教师:针对以上问题,我们可以提出哪些治理措施来改善这里的水土流失,从而从根本上改变这里贫穷的面貌?

学生思考并回答。

教师:同学们,正如习近平总书记所说,"绿水青山就是金山银山",让我们保护好我们赖以生存的自然环境,爱护我们的家园。

加强学生生态文明教育是实现生态文明建设的有效途径,是实现国家可持续发展的必然要求。通过培养学生正确对待自然资源、爱护环境等意识,提升学生人地观念素养。

例如,生物学科作为一门研究生命现象和生命活动规律的自然科学学科,对于培养初中生的科学探究能力、逻辑思维能力、解决问题能力、团队协作能力,提高其社会责任感、科学精神、创新意识、爱国意识等,具有重要意义。在教学实践中,生物教师应该注重科学思维方法的训练和科学伦理的教育,在教学中提供更多的机会让学生亲自参与科学实验、体验科学实践,经历有目的、有步骤的探究性自主学习活动,并在学生的自主探究体验中注重价值引导,从而培养学生探索未知、追求真理、勇攀科学高峰的责任感和使命感,激发学生科技报国的家国情怀和使命担当,落实立德树人根本任务。

比如,初中生物《视觉的形成》教学片段:

教师:同学们,我们可以将晶状体看作照相机镜头,瞳孔视为光圈,视网膜则类似于胶卷,一起进行两个科学小实验。

(1)保持凸透镜和光屏不动,调节物体位置,直到光屏上清晰成像,观察此时物体到凸透镜的距离,并做好记录。

(2)固定透镜到光屏的位置,用曲度较小的透镜取代原来的透镜,移动物体直到光屏清晰成像,再次记录物体到凸透镜的距离。

学生通过实验得到的数据对比产生了问题:曲度大的透镜可以使近处的物体成像,曲度小的物体可以使远处的物体成像。

教师:对于人眼来说,看清近处和看清远处要调节哪个部位呢?看近处物体是如何调节的? 看远处物体要如何调节?

学生:眼睛是通过睫状体的收缩和舒张来调节晶状体曲度的变化,从而看清远近的物象。当睫状肌收缩时,晶状体曲率增加,晶状体的屈光力增加;睫状肌松弛时,晶状体变扁平。

老师:如果睫状肌收缩过度,晶状体曲度长期处于曲度大的状态,会出现什么情况? 请同学们将原来的凸透镜更换为曲度更大的凸透镜,观察光屏上能否清晰成像?

学生:不能,物象变模糊了。

教师:这种情况我们称之为?

学生:近视。

教师:非常好。请同学们将凸透镜更换为曲度最小的凸透镜,观察光屏上的成像。

学生:物象仍旧是模糊的,此时是远视。

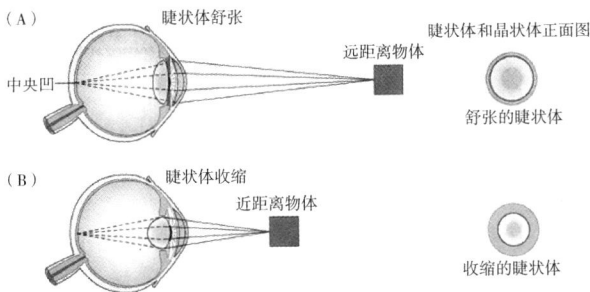

图 2-11　眼睛成像原理

学生在亲自动手参与科学实验的过程中,轻松理解了正常人眼的调节机制,探究了近视、远视形成的原因,从而深刻体会到用眼卫生的重要性,形成爱护眼睛的意识,养成健康的生活习惯,本次课程也实现了学科育德的教育目标。

(二)拓展教材内容,整合育德素材

教学中,教师可以根据育德目标,依据教材内容,采用"学科＋社会时政""学科＋生活事件""学科＋传统文化""学科＋其他学科"等方式,从优秀传统文化、真实的重大社会事件、时政资源中汲取养料,整合资源,创设情境,设计出受学生喜爱、体现教育主题的系列化学习内容,形成丰富的育德素材。

例如,高中法治课《擦亮眼睛防诈骗　保护信息记心间》的教学片段:

教师:个人信息泄露无处不在。它所产生的损失与危害总是悄然出现:昨天老师打开手机查看了自己常去的青岛的机票价格,再打开其他老师的手机查询,发现同一航班两个手机所显示的价格却

相差了170余元。这是平台利用了什么手段进行调价呢？

学生：大数据杀熟。

教师：这就是在《中华人民共和国个人信息保护法》当中所规定的"利用个人信息进行自动化决策，应当保证决策的透明度和结果公平、公正，不得对个人在交易价格等交易条件上实行不合理的差别待遇"。

学生感受不到生硬的法律条文对生活的实际影响。教师运用生活中的真实情境，让学生真切感受到法律所保护的真实权益，产生情感共鸣，从而提高学生的法治意识，增强课堂育德实效。

英语是一门语言文字学科，有许多以英文为载体的音频、视频与文章，既适用于语言教学，也适用于对学生进行情感价值观的引导。比如，在讲解"定语从句"这一语法知识时，教师选取了 TED 的一个著名演讲"The Best Gift"作为教学材料。在该视频中，演讲者用了大量的定语从句来描述自己收到了一个礼物：It's a gift that brought me lots of delicious meals and beautiful flowers. It brought back my families and friends who I hadn't contacted for years. People who disliked me before will praise me, "You look great today!"（这个"礼物"为我带来了美食和鲜花。这个礼物让多年未联系的亲朋好友与我重新联系。之前不喜欢我的人，看到我也会称赞我"你今天看上去很好"。）这个"礼物"看起来如此美妙，但是演讲者最后揭晓，其实这个"礼物"是一个脑部肿瘤。这个演讲既可以激发学生的学习兴趣，帮助学生理解"定语从句"这一抽象的语法知识，还可以引导学生积极地面对人生的各种挑战。

教师：同学们，根据演讲者刚刚的描述，请你猜一猜她收到的这个"礼物"究竟是什么？

学生积极讨论，踊跃举手分享答案。

学生1：是钱。

学生2：是孩子。

……

教师:你们的想法都很棒! 但是视频演讲者收到的是一个"脑部肿瘤"! 虽然肿瘤是人人都避之不及的东西,但是她却列举出这么多得了肿瘤的"好处",可以看出她是一个怎么样的人呢?

学生:积极、乐观。

教师:很好! 那么希望同学们在今后的生活中,无论遇到什么样的挫折和挑战,都能以积极的心态去面对它!

又如,"People of Achievement"教学片段:

这节阅读课旨在让学生走近中国诺贝尔生理学或医学奖获得者屠呦呦,了解她和她的团队发现青蒿素的研究过程,学习科学家的伟大品质,树立正确的人生观和价值观。与此同时,能通过语篇深刻感受中国传统医药和中国科学研究对世界做出的突出贡献,树立民族文化自信。

第一步:呈现出疟疾肆虐全球的地图。

老师:In order to know the huge achievement of Tu Youyou and her team, let's see a world map of malaria. This kind of disease spreads all over the world. Over 200 million people around the world get malaria each year, and about 600,000 die from it. Artemisinin has become a vital part of the treatment for malaria, and is thought to save 100,000 lives a year in Africa alone. So what do you think of Tu Youyou and her team's achievement——Artemisinin.(为了让学生了解屠呦呦团体所取得的巨大成就,我们先来看一看疟疾在全球肆虐的地图。疟疾波及全球每一个大洲,造成每年大约 2 亿人感染疟疾,60 万人死于这个疾病。青蒿素的研发,拯救了仅非洲国家也有 10 万人。所以你们怎么看待屠呦呦和她团队做出的贡献?)

学生:They have made great achievement in saving people's lives around the world, and they were great people!(他们为拯救

全人类的生命做出了巨大的贡献,他们都是伟人!)

第二步:用图片梳理屠呦呦团队研发青蒿素的过程。

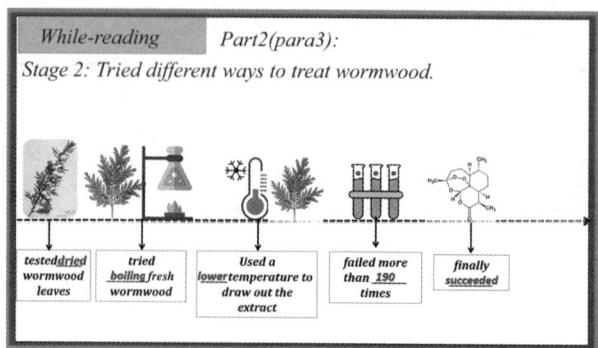

图 2-12　研发青蒿素过程

老师:How do you think their work? Easy or Difficult?（你认为他们的工作怎么样,容易还是难?)

学生:Difficult. Because they must do a lot of work in order to get the extract of artemisinin. First, they need do the literature review, then they should do thousands of researches based on the theory. After failing 190 times, they succeed.（很难。因为他们必须要做大量的工作才能提取出青蒿素。首先,他们要查找大量的文献,然后还要基于理论做很多次的研究。在经历了 190 次失败之后,他们最终成功了。)

第三步:播放屠呦呦荣获诺贝尔奖后的获奖感言。

获奖感言:The honour is not just mine. There is a team behind me, and all the people of my country. This success proves the great value of traditional Chinese medicine. It is indeed an honour for China's scientific research and Chinese medicine to be spread around the world.（这个荣誉不仅仅属于我。在我身后有一个团队,还有我的国家的全体人民。这一成功证明了中医的巨大价值。中国的科学研究和中医药走向世界,确实是一种荣誉。)

老师：What did Tu Youyou think of the Nobel Prize?（屠呦呦是怎么看待诺贝尔奖的？）

学生1：The team effort/cooperation.（团队的合作和努力。）

学生2：The great value of traditional Chinese medicine.（中药的伟大价值。）

学生3：It is honour for us to spread the extensive and profound Chinese culture.（将博大精深的中国文化传播到世界各地，是我们的荣誉。）

老师：So what do you learn from Tu Youyou?（你们从屠呦呦身上学到了什么？）

学生1：Work hard and to be a man of value.（努力工作，成为一个有价值的人。）

学生2：Tu Youyou's modest personality.（屠呦呦谦虚的品格。）

（三）注重情感体悟，创新育德方法

生命力课堂坚持以人为本，以学生全面发展为核心，以培养学生必备品格和关键能力为归宿，注重问题探究、情境建构、活动体验、价值引领，摒弃一味地把知识平移、传输、灌输给学生的传统教学思路，让学生在活动参与中交流，在实践探索中体验，在问题争辩中提升。生命力课堂注重把学习变成一个"问道明理"的过程，让学生在情境与活动中感受、体验、理解、领悟学科知识蕴含的深刻的思想方法与复杂的情感，体会知识对学科发展以及人类进步的巨大作用与价值。如历史教学中，教师通过创设适宜的情境让学生把自己置于历史人物的位置上，引导学生站在历史当事人的角度考察他们所面临的情境和问题，体验其活动和行为，感悟其动机、意图、情感、道德观、价值观。

此外，各学科老师适时采用角色扮演、模拟剧、情境再现、辩论赛等小策略进行主题教学，避免生硬灌输和简单说教，运用融品德发展于知识发展的"润物无声"的方式，将学科本身蕴含的独特的育

人价值以及学生在学习过程中的体验和认知,如共处、规则、友善、创新精神、良好学习习惯等,潜移默化地传递给学生。

图 2-13　历史情景剧《孙中山》

比如,在进行语文教学时,结合语文学科的特点和语文教材的丰富性,可在戏剧学习时让学生分角色表演,在诗歌学习时让学生吟诵、组织诵读比赛,在小说学习时进行情境模拟;此外,还可举办书法比赛、演讲比赛、新闻采访……浩瀚的文学之海,可以让学生自由游弋。而活动的形式,也可以多元化,小组合作竞争、"我当小老师"、即兴辩论等丰富多彩的活动,既能让学生充满兴趣地学好语文,又能在语文学习中获得全面发展,让语文知识与课堂育德同步和谐发展。

图 2-14　西游记人物 Cosplay 闯关游戏

(四)讲究育德工艺,发挥浸润能力

古人说,写文章"理不可以直指也,故即物以明理;情不可以显言也,故即事以寓情"。我们要借鉴其"即物明理,即事寓情",一方面,老师深入研究德育工艺,在课堂教学中善于隐藏直接的德育目的,注意因势利导,让育德的过程变得流畅自然。另一方面,老师按学科自身的教学特点,结合课堂教学的具体内容,自然地在课堂教学中渗透德育,避免牵强附会、生搬硬套。不要因为强调把育德放在首位,就非得在每一节课上都戴一顶德育"帽子"。其实,在课堂中重视学习兴趣的激发、学习动机和学习态度的培养、良好学风的养成,本身就是德育的重要内容之一。

例如在七下语文第二单元的整体教学里面,安排了课文朗读脚本,撰写"班级诵读展示会"文案的这样一堂课。其中"班级诵读展示会"文案包含名称、开场白、节目单、串词、结束语等内容,我们来看一下老师提供的开场白和结束语示例:

开场白:

说起英雄,很多人马上会想到帝王、将相、豪侠。其实,在今天,英雄之名早已不再是王侯将相的专属,而是属于每一位砥砺奋进的人。他可以是"十年磨一剑"的工匠,可以是"汗滴禾下土"的农民,可以是"视死忽如归"的战士,也可以是"化作春泥更护花"的老师。英雄之心,在史册里,在传说中,更在每一位中华儿女的血脉当中。今天就让我们在"朗读红色经典,奏响爱国乐章"的朗诵会上,以壮美的诗篇致敬英雄,更致敬孕育英雄之气的天地山河!

结束语:

最后,我要感谢我们国家、民族的英雄和先烈,他们用生命写下的不朽篇章,直到今天依然滋养着我们的心灵;我要谢谢今天来参加"朗读红色经典,奏响爱国乐章"的同学们,你们在不知不觉中已成了传播光和热的使者;我感谢三山五岳,是它们给予了诗文支撑苍穹的傲然风骨;最后,我要感谢我们身处的这个伟大时代,是它

赋予了我们面对未来的智慧和勇气,让我们可以去创造属于我们这个时代的辉煌和繁荣。

单单这两个环节,不仅充分体现了语文学科自身的特点,充分结合了语文课堂应该达成的目标,爱国主义的教育也自然而然地渗透其中,学生的学习兴趣得到了极大的激发。

(五)追求教育艺术,发挥育德机智

加拿大教育家马克斯·范梅南曾经指出:"关于如何机智地行动,没有现成的理论知识,没有具体的技巧,也没有固定的规则。"德育机智是教师在课堂教学过程中,面对各种突发情况能够从容应对、化"危"为"机",并以此促进学生道德认知和道德判断发展、促进道德水平提升的一种能力。[5]在长期的教学实践中,教师不断进行教学经验的总结,自我反思,逐渐积累,掌握教育艺术。面临课堂上发生的多重问题,能够把握育德时机,凸显德育浸润,更好地实现育德效果。比如,教师在教学中,能及时捕捉、发现学生的道德困惑,违背道德的行为等一系列育德时机,生成新的育德点,及时引导学生,实现润物无声的效果。

例如,初中生物《运动的完成》教学片段:

教师:通过上节课的学习我们知道骨骼肌包括中间的肌腹和两端的肌腱,两端的肌腱都要附着在骨上。我们可以用绳子代替小木偶所不具备的骨骼肌,但是骨骼肌和骨骼的相对位置关系是怎样的呢?老师已经提前在小木偶的手臂上系了三根皮筋作为三个节点,分别为1,2,3,绳子要穿过哪两个节点,才可以使得我们在提拉绳子的时候,帮助小木偶完成屈肘动作呢?

学生回答自己的猜测:或1,2,或2,3,或1,3。

教师:大家有着不同的推测,接下来就请同学们建立模型,注意活动要求是选择两个节点穿绳打结,通过提拉细绳,使小木偶能完成屈肘动作。活动结束时,请小组派代表上台展示。活动开始。

(学生进行小组活动。)

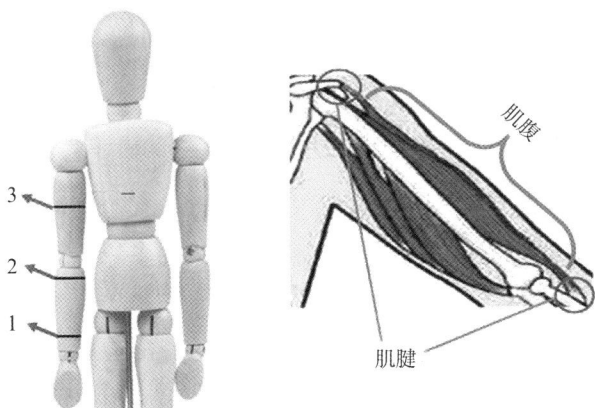

图 2-15　木偶演示图例

教师：下面请一个小组派代表上台演示。

学生：我们组的选择是 1,2 号节点。

（随即开始演示,但实验失败了。）

教师：同学们通过牵拉 1,2 号节点,不能帮助小木偶完成屈肘运动。那么,请同学们观察图片中肌腱两端分别连在哪块骨上? 再结合该节点所处的骨骼位置,分析不能屈肘的原因是什么呢?

学生：肌腱两端附着在不同的骨上,并且跨越了关节,所以不能屈肘的原因是连接了同一块骨上的两个节点。

教师：很聪明。所以,请你再试一组组合,帮助小木偶成功完成屈肘运动吧。

（学生连接 2,3,成功完成了小木偶的屈肘运动。）

教师：恭喜你们解决了问题,成功完成实验! 同学们,我们发现想要成功完成科学实验,不仅要拥有多次尝试、永不言败的勇气,也需要认真思考科学原理,总结反思失败原因,这样才能事半功倍!

在课堂的实验教学过程中,容易出现实验失败的结果,往往导致学生产生挫败感,逐步丧失对科学实验的兴趣。此时,教师需要利用教育艺术,选择学生乐于接受的方法,巧妙地引导学生从关注结果转为注重过程,在失败中自主总结、反思原因,找到解决办法,从而成功完成实验。除此之外,对学生进行适时地鼓励肯定,总结方法,也有利于建立学生对科学探究的信心,提升育德效果。

(六)注重动态多元,完善德育评价

在评价内容上,教师应改变以知识的获得、智育的发展为主要评价内容,逐渐融入情感、态度、价值观,围绕各学科中不同的价值观念来进行评价,如家国情怀、政治认同、理想信念、理性精神、坚强意志等。

在评价方式上,应注重学生的反思与感悟,注重学科教学过程中学生道德品质的动态成长,通过过程性评价和表现性评价,引导学生积极践行求真、向善、达美的责任伦理,努力建构身心和谐的自我世界与物我相济的外部世界。

在评价主体上,改变以教师为主体的评价方式,通过学生自评、同学互评、家长评价相结合的方式,使教学评价能够全方位、立体化、客观地展现学生的成长发展。比如,2018 年 3 月,江苏省学业水平测试历史卷第 36 题,要求考生从儒家思想所蕴含的"家国同构"入手,分析"新时代强调家国情怀的现实意义";同年 6 月,高考历史江苏卷第 21 题,要求考生从宋明理学入手,对中国文化的"包容力"和"生命力"进行论述等,[6]考查了学生家国情怀、国家认同。

课堂育德,是教师依据学科的特点和个体品德形成发展的规律,深入挖掘学科本身所蕴含的育德元素,并通过有效的活动形式或方式手段,引导学生认同道德,内化道德,践行道德,不断完善学生的思想品德结构,使之形成健全人格和良好心理品质的活动。抓好学科育德,既是学校贯彻落实党和国家教育方针的重要使命,也是推动学校德育工作取得扎实成效的必然要求。生命力课堂要求教师通过有目的、有计划、系统性地开展学科育德,使学生学习知识的过程同时也是形成正确价值观的过程,促进学生的道德认知,丰富学生的道德情感,强化学生的道德实践能力,真正实现全员育人、全方位育人和全程育人。

第二节　典型案例

高中历史《南京国民政府的统治和中国共产党开辟革命新道路》

一、教材分析

宏观上,中国特色革命道路的开辟在中国近代历史上意义重大,它标志着在国共十年对峙时期,中国共产党找到了一条具有中国特色的革命道路,最终引领我们实现革命的胜利、民族的独立与解放。同时,它也对新中国成立后进行社会主义建设产生了一定的借鉴意义:坚持实事求是,善于自我革命,走中国特色社会主义建设道路。

中观上,第22课为第七单元"中国共产党与新民主主义革命的兴起"的最后一课,上承五四运动与中国共产党的诞生,下接中华民族的抗日战争和人民解放战争。国民革命失败后国共两党十年对峙,在时空观念上也隐含了面对日本局部侵华国共两党的不同态度。

微观上,本课共有三个子目,分别是南京国民政府的统治、工农武装割据开辟革命新道路、红军长征。其中第一子目与第二、三子目属于并列关系,二、三子目为前后承接关系。

综上,本课的重点是通过分析南京国民政府的性质理解中国共产党从国情出发开辟革命新道路的意义,认同走中国特色社会主义道路是历史的必然,涵养中国特色社会主义道路自信;认识到坚持实事求是、善于自我革命、坚持党的正确领导的重要意义;认识红军长征的意义,感悟长征精神,涵养家国情怀,培养敢于直面挫折、努力奋斗、积极向上的人生态度,以及对于国家的高度认同感、归属感、责任感和使命感。

二、教学目标

(1)通过史料理解南京国民政府的反动性质。感受革命前辈用鲜血开辟道路的艰难,树立不畏艰难的大无畏精神。

(2)通过认识中国共产党在革命道路探索中的曲折前进,理解敢于纠错,实事求是是中国共产党最终能开辟革命新道路并引导人民取得革命胜利的关键原因,培养学生脚踏实地、努力奋斗的品格,树立道路自信,涵养家国情怀与唯物史观,突破本课重难点。

(3)通过不同人物对长征的印象,理解并总结长征的意义,感受不同人物对历史评价角度的异同点;通过英雄人物的事迹介绍,明白今天的幸福生活来之不易,培养学生的感恩之心,树立努力奋斗的人生目标,涵养家国情怀,突破本课重点。

三、教学重难点

(1)教学重点:中国特色革命道路的开辟,红军长征的意义。
(2)教学难点:南京国民政府的性质,中国特色革命道路选择的必然性。

四、教学过程

(一)情境导入

教师:播放中美高层战略对话中方外交官发言视频,面对美国的霸权行径,我方采用了强硬的态度予以回击。

提问:我们的底气从何而来?

【设计意图】以时政热点吸引学生注意力,将历史与现实紧密结合,将史鉴思想融入到教学中。同时,引发学生思考——我们是怎样找到符合中国国情的革命道路乃至社会主义道路的,从而引入本课立意:道路自信。

（二）武装割据启新程

1.血泊寻路

材料一：据不完全统计，从1927年3月至1928年上半年，被杀害的共产党员和革命群众达31万人，其中中共党员2.6万人。全党人数由1927年5月五大时的57900名共产党员锐减到1万人。

——《中国共产党的90年》

材料二：今日不患地主、资主之压迫农民，而反恐农民之转而压迫地主、资主，此亦已造成社会之不平，为本党主义之不许也！

——蒋介石《关于关税之感想》

提问：蒋介石的态度如何？他为何这样做？南京国民政府代表着谁的利益？

【设计意图】通过材料，理解南京国民政府的性质和共产党展开武装斗争的必要性。

教师：南京国民政府代表着大地主、大资产阶级的利益，这决定了南京国民政府的性质。南京国民政府实行专制统治，内忧外患。对内，政治上实行一党专政，特务统治，镇压工农，军阀混战，经济上，以四大家族为代表的官僚资本垄断了全国的经济命脉，阻碍了民族资本主义经济的发展；对外，投靠英美，对日妥协。中国共产党面临国民党的屠杀政策和反动统治，寻找新的革命道路成为历史的必然选择。

材料三：早期武装起义情况表

起义名称	主要领导人	发动时间	武装力量	起义目标
南昌起义	周恩来、朱德、贺龙、叶挺	1927年8月1日	受中共影响的国民革命军20000余人	南下攻取广州
秋收起义	毛泽东	1927年9月9日	工农革命军第一师及工农武装5000余人	夺取长沙
广州起义	张太雷、叶挺、叶剑英	1927年12月11日	受中共影响的国民革命军及工人赤卫队5000余人	夺取广州

材料四:执着于城市,在那个时候是非常自然的。因为中国共产党人的面前只有一个榜样,这就是已经成功的俄国革命,而俄国革命正是从城市开始的,并在城市首先胜利的。然而效仿俄国人成功的经验并没有在中国取得成功。

——陈旭麓《近代中国的新陈代谢》

提问:这些武装起义有什么共同点?

追问:为什么俄国以城市为中心的革命道路在中国行不通?

【**设计意图**】通过对南昌起义、秋收起义、广州起义等的共同点归纳,了解中国共产党进行的以城市为中心的武装起义多数以失败告终的历史,理解以城市为中心的俄式革命道路在中国走不通的根本原因在于国情不同。

教师:面对照搬俄革命道路经验,攻打中心城市的失败,中国革命道路该往哪儿走,毛泽东在1926年就指出农民问题乃国民革命的中心问题。秋收起义后,毛泽东率部队转战至井冈山,建立第一个农村革命根据地。

2.井冈星火

材料五:也就会明白红军、游击队和红色区域的建立和发展,是半殖民地中国在无产阶级领导之下的农民斗争的最高形式,和半殖民地农民斗争发展的必然结果;并且无疑义地是促进全国革命高潮的最重要因素……而朱德毛泽东式、方志敏式之有根据地的,有计划地建设政权的,深入土地革命的,扩大人民武装的路线……无疑义地是正确的。

——毛泽东《星星之火,可以燎原》

材料六:经过几年的土地革命实践,各地基本上形成了一套比较切实可行的土地革命的路线、政策和方法,如依靠贫农,联合中农,限制富农,消灭地主阶级,变封建的土地所有制为农民的土地所有制等等。

——中国网·新中国这样走来之《中华苏维埃共和国土地法》

材料七：在井冈山革命根据地经济建设中，其中一个重要特征是共产党领导下的多种所有制经济并存。不仅出现了以国有经济为主导的，由合作经济、个体经济、私人资本主义经济等多种经济成分构成的新民主主义经济，更难能可贵的是出现了社会主义经济的萌芽，如公营经济与集体经济。

——据张泰城 刘家桂《井冈山革命根据地经济建设史》整编

材料八：避敌主力，诱敌深入，集中优势兵力，各个击破。

——毛泽东

提问：根据材料回答毛泽东等人开辟出一条怎样的革命"新路"？这条革命"新路"包含哪些主要内容？

追问1：土地革命的本质是什么？有什么价值？

追问2：根据地经济与其他时期的经济在所有制结构上有什么区别？

追问3：中央革命根据地前四次反"围剿"均取得了胜利，根本原因是什么？

追问4：工农武装割据道路的开辟具有怎样的意义？

【设计意图】通过了解工农武装割据理论的主要内容，知道农村包围城市、武装夺取政权的工农武装割据道路是共产党员们在实践过程中一步步探索出来的中国特色革命道路，是马克思主义中国化的产物。理解中国共产党的正确领导是前四次反"围剿"取得胜利的根本原因，领悟共产党人实事求是、敢于创新的精神。

材料九：对外投降帝国主义，对内以新军阀代替旧军阀，对工农阶级的经济的剥削和政治的压迫比从前更加厉害……白色政权间的长期的分裂和战争，便给了一种条件，使一小块或若干小块的共产党领导的红色区域，能够在四围白色政权包围的中间发生和坚持下来……这种困难的比较地获得解决，使生活比较地好一点，特别是红军的给养使之比较地充足一点，则是迫切地需要的……虽有很好的工农群众，若没有相当力量的正式武装，便决然不能造成割据局面,更不能造成长期的和日益发展的割据局面。

——毛泽东《中国的红色政权为什么能够存在?》

提问:阐述中国共产党走农村包围城市,武装夺取政权的革命道路的必要性与可能性?

【设计意图】帮助学生从政治环境、经济基础、地理位置、武装力量、群众基础等方面系统地分析革命道路开辟的必要性和可能性,理解革命道路的开辟是由我国半殖民地半封建社会的基本国情决定的,培养学生唯物史观素养,涵养学生的道路自信。

3.星火燎原

学生阅读人教部编版高中历史必修《中外历史纲要(上)》第129页,1929—1932年农村革命根据地示意图。

教师:1929到1932年农村革命根据地与武装力量不断发展壮大,红军达到了30余万人,主要分布在我国南方,中国革命发展形势良好。

(三)革命受挫迫长征

教师:正确的道路探索却遭到党中央的排斥与打击,王明左右下的中共中央对毛泽东产生了严重的不满,否定了毛泽东坚持的"以农村为中心"的革命主张,要求进行城市战、街垒战的演习,并暗示毛泽东的思想为党内危险的右倾机会主义;同时,国民党派兵50万对中央苏区瑞金开展了第五次大规模"围剿",由于王明的"左"倾教条主义,拒不接受毛泽东的正确建议,用阵地战代替游击战,博古、李德领导的第五次反"围剿"初期实行主动进攻,犯了进攻中的冒险主义,后期转入阵地防御,采取消极防御战略,要求红军处处设防,寸土必争,节节抵御,犯了防御当中的保守主义,最终,第五次反"围剿"失败,瑞金失守,1934年10月,中共中央和红军总部8.6万余人被迫进行战略转移,向湘西出发,开始了悲壮的漫漫征程。但转移中犯了退却中的逃跑主义,特别是湘江之战,红军损失惨重,从8.6万余人锐减至3万余人,红军战士血染湘江。

(四)逆境转折迎新生

1.遵义会议

材料十: "华夫同志(李德)只知道纸上谈兵,不考虑战士要走路,也要吃饭,还要睡觉;也不问走的是山路、平原还是河道,只知道在总部草拟的略图上一划,限定时间赶到打仗,这样哪能打胜仗?这完全是瞎指挥!"

——张耀祠《南巡中毛主席同我的一次谈话》

教师: 第五次反"围剿"的失败和突破第四道封锁线,使得全党全军上下对于"左"倾教条主义有了深刻的认识,1935年1月,红军在遵义召开了遵义会议,红军迎来了生死转折,这次会议在极端危急关头挽救了党,挽救了红军,挽救了革命。

提问: 遵义会议集中解决了哪些主要问题?

追问1: 遵义会议解决这些问题坚持了什么原则?对我们今天有何启迪?

追问2: 遵义会议的成功召开有怎样的历史意义?

【设计意图】 通过真实情境的回顾,理解遵义会议召开的背景;理解会议集中解决了军事和组织上的问题,纠正了党内"左"倾错误;理解遵义会议是中国共产党一个生死攸关的转折点,开始确立以毛泽东为代表的马克思主义正确路线在党中央的领导地位,是党第一次独立自主地解决革命道路问题,标志着党从幼稚走向成熟;感知中国共产党人独立自主、民主集中、实事求是、敢于纠错、善于自我革命的精神。

2.万里长征

学生阅读人教部编版高中历史必修《中外历史纲要(上)》第130页,红军长征路线示意图。

材料十一: 我们党领导红军,以非凡的智慧和大无畏的英雄气概,战胜千难万险,付出巨大牺牲,胜利完成震撼世界、彪炳史册的长征,宣告了国民党反动派消灭中国共产党和红军的图谋彻底失败,宣告了中国共产党和红军肩负着民族希望胜利实现了北上抗日的战略转移,实现了中国共产党和中国革命事业从挫折走向胜利的伟大转折,开启了中国共产党为实现民族独立、人民解放而斗争的新的伟大进军。

——习近平《在纪念红军长征胜利 80 周年大会上的讲话》,

人民出版社,2016 年,第 1—2 页

教师:在正确的军事指挥与领导之下,在红军的不懈努力下,红军四渡赤水,巧渡金沙江,强渡大渡河,飞夺泸定桥,过雪山、草地,突破天险腊子口,会师于吴起镇。1936 年 10 月,红军三大主力军成功会师甘肃会宁,标志着红军二万五千里长征的胜利结束。25000里的里程,跨过了 11 个省,翻越了 40 座高山,横渡了 24 条大河,经历了 600 余场战斗,攻占了 700 多座县城,86000 人只剩下 6300 人。

提问:如何理解长征的意义?红军展现出怎样的长征精神?

【设计意图】通过分析,理解长征对于中国革命的意义:实现了红军的战略转移,宣传了中国共产党的政治主张,在沿途播下了革命种子,铸就了长征精神,打开了中国革命的新局面。感悟红军战士身上展现出的乐于吃苦、不惧艰难的革命乐观主义;勇于战斗、无坚不摧的革命英雄主义;重于求实、独立自主的创新胆略;善于团结、顾全大局的集体主义等长征精神,理解中国特色革命道理开辟的不容易,理解今天中国特色社会主义建设所取得的伟大成就离不开每一个中华儿女的不懈奋斗,引导学生树立民族自豪感与使命感,形成奋斗底色,涵养家国情怀。

教师:一代人有一代人的长征路。1840 年以来,西方带着坚船利炮打开了中国的大门,在艰难的国际国内环境下,以毛泽东同志为代表的革命先烈实事求是、敢为人先,将马克思主义基本原理同中国革命实际结合,用鲜血和汗水浇灌了一条具有中国特色的革命道路。

(五)总结提升

材料十二:中国共产党领导是中国特色社会主义最本质的特征,是中国特色社会主义制度的最大优势,是党和国家的根本所在、命脉所在,是全国各族人民的利益所系、命运所系。

——习近平《在庆祝中国共产党成立100周年大会上的重要讲话》

教师:在城市中心道路走不通的情况下,中央红军走出了一条适合中国国情的工农武装割据之路,从井冈星火到星火燎原,这都源于这条道路是基于中国基本国情,以及党中央的正确领导。但由于"左"倾教条主义,第五次反"围剿"失败,红军被迫战略转移,转移中发生了伟大的历史转折——召开遵义会议,确立了实事求是的思想路线和以毛泽东为代表的马克思主义正确路线在党中央的领导地位,进行了人类历史上的万里长征,创造了彪炳千秋的长征精神。此后,抗日战争和人民解放战争始终坚守这条"农村包围城市"的中国革命道路,最终引领我们实现革命的胜利、民族的独立与解放。

提问:你从中国革命新道路的开辟中得出怎样的历史启迪?

【设计意图】充分发挥史鉴功能,再次点出本课的立意——坚持党的正确领导,坚持道路自信,坚持实事求是的思想,善于自我革命,才能走好今天的社会主义建设道路。

教师:道路关乎党的命脉、国家前途与民族命运。坚定道路自信,是实现中华民族伟大复兴的必然要求。正是中国共产党在百年的革命和建设道路中始终坚持中国特色,坚持从实际出发,才使社会主义建设取得了巨大成效,综合国力大大提升。所以,今天我们能在中美交锋中展现高度的民族自信。我们在享有中国特色社会主义道路给我们带来的荣光和自信的同时,更要坚定走中国特色社会主义道路的决心,为实现两个一百年的宏伟目标,实现中华民族伟大复兴的中国梦,献出自己的力量!

(执教者:礼嘉中学唐继东)

参考文献

［1］ 王月芬,徐淀芳.论三维目标的设计、实施与评价[J].上海教育
　　 科研,2010(2):8-11.

［2］［5］程伟.中小学教师课堂育德的内涵、困境与突破[J].当代教
　　 育科学,2020(8):75-79.

［3］ 王瑞明,徐文明,高珠.中小学生品格的结构及测评[J].华南师
　　 范大学学报(社会科学版),2021(6):56-68.

［4］ 田保华.试论学科德育的问题与出路[J].课程·教材·教法,
　　 2015(7):3-11.

［5］ 刘波.家国情怀在高考试卷中的考查探索——以 2019 年高考历
　　 史江苏卷第 22 题为例[J].基础教育课程,2019(20):57-60.

第七章
课堂秩序体现组织力

活而规范有序，动而张弛有度

课堂教学组织是指教学过程中，教师合理、有效展开教学各个组成环节，保障教学有序进行的行为。组织力强调的是协调、沟通、管控的能力。缺乏组织力的课堂，课堂纪律是失控的，教学过程是混乱的，影响课堂教学达成度。

秩序，意为"有条理、不紊乱"。生命力课堂强调一种合理有序的课堂状态，这种有序不等同于"鸦雀无声""整齐划一"，而是师生为了达成教学目标，在双向互动交流过程中行为方式得当、活动组织有序、课堂沟通和谐，呈现出一种情感共鸣、思维共振的和谐状态。构建具有组织力的课堂，教师需要通过明确师生共同认同和接纳的课堂纪律，合理调控自主学习、合作探究、交流分享的活动形式，灵活运用各种言语和非言语的沟通技巧，对课堂教学进行有效组织，维持课堂的稳定有序，促进教学活动顺利、高效地开展。

经典语录

良好的秩序是一切美好事物的基础。

——伯克

秩序意味着光明和安宁,意味着内在的自由和自我控制;秩序就是力量,⋯⋯秩序是人类最大的需要,是真正的幸福所在。

——阿米尔

教导的恰切的秩序应当从自然中借来。

——夸美纽斯

如果不是坚强而温和地抓住管理的缰绳,任何功课的教学都是不可能的。

——赫尔巴特

管理是一种严肃的爱。

——西洛斯·梅考克

一个人应该,活泼而守纪律,天真而不幼稚,勇敢而不鲁莽,倔强而有原则,热情而不冲动,乐观而不盲目。

——马克思

不要过分地醉心于放任自由,一点也不加以限制的自由,它的害处与危险实在不少。

——克雷洛夫

要有必要的清规戒律。

——毛泽东

第一节　课堂秩序体现组织规则

秩序是指有条理地、有组织地安排各构成部分以求达到正常的运转或良好的外观的状态。[1]秩序是普遍存在的现象,从宏观宇宙到微观粒子,从自然变化到社会治理,无处不有其内在的秩序和规则。教学作为人类社会的一种实践活动,也有着其特有的秩序。课堂秩序是指教学过程中师生互动、生生互动所形成或遵循的一种习惯性、制度化、合法化的规则。[2]它制约着教学活动的成效。生命力课堂重视构建良好、和谐的课堂秩序,让教学过程规范、有序、高效。

一、课堂秩序的意蕴

(一)课堂秩序的解读

夸美纽斯在其《大教学论》一书中系统地论述了教学秩序的内涵、意义、原则等。夸美纽斯认为,世界之所以稳定,正是有了秩序的缘故。教学秩序是教学活动中各种教学因素的有机结合,是课堂上师生之间通过互动、交流得以体现的状态和规则。课堂秩序不是教师机械化地控制和学生被动地服从,而是师生以平等融洽的互动方式参与教学活动。良好的课堂秩序需要师生共同去维护,教师在课堂中对教学活动进行合理安排和有效调控,学生在课堂上积极思考、主动探究,并遵守课堂纪律等。这种活而有序的课堂才有助于学生高效率地掌握知识,有助于构建和谐的师生关系,有助于学生自由全面成长。

(二)课堂秩序的要素

1.课堂纪律秩序

纪律是维护课堂秩序的保障。中小学生由于自身生理与心理不成熟、社会经验不足、认识能力较低、自我约束能力较弱,课堂上容易出现违纪行为。因此,课堂秩序需要有一定的课堂纪律来保证。课堂纪律是指导和约束学生课堂行为的一种手段,是每个学生在课堂上必须遵守的最基本的日常课堂行为准则。良好的课堂纪律能够营造好的学习氛围,帮助学生集中注意,引导学生养成良好的行为习惯。过去教师一般采取强制性、规训式的方式对课堂纪律进行管理,批评惩罚较多,导致学生学习兴趣低下,师生关系不和,教学效率低下。随着新课程改革的实施,生命力课堂坚持以学生为主体,尊重学生个体,要求教师制定一种师生均认可的课堂行为规范来协调、引导学生的行为,使学生养成良好的学习习惯,掌握高效的学习方法,从而构建起良好的课堂秩序,提高课堂教学效率。

2. 活动组织秩序

新课程理念下的教学不是将知识灌输给学生,而是需要引导学生通过观察、分析、归纳、总结,提炼出知识。教师如果想要让学生更容易理解、掌握知识,那么就要依据"遵循自然的秩序"的原则进行传授,使知识内在的逻辑性符合学生身心发展的规律。通过提供适宜、有效的学习方法和路径,帮助学生快速、高效地掌握知识。

3. 人际交往秩序

"自主、合作、探究"的教学方式作为课堂教学的一种有效方式,不仅在学生学习成绩提高和思维能力提升方面有着重要的作用,而且能促进学生人际交往、自尊、合作等非认知能力和情感的发展。小组合作学习作为生生互动的主要方式,要求营造团结、互敬、友爱、共进的合作氛围,小组成员通过聚焦共同的学习目标,明确个体责任,确保人人参与,通过自主思考、合作探究、讨论交流,达成学习目标,让每个学生都有归属感,体验合作带来的成功和喜悦。

二、课堂秩序体现组织力的策略

(一)仪式与规则的统一

规则的建立与维系会在一定程度上影响课堂秩序,课堂秩序也总是通过一定的方式表征着特定的行为规则。目前,常用的调控课堂秩序的基本行为规则包括命令、仪式、规则、暗示、鼓励、惩罚等。

课堂仪式是以师生互动为主体,基于特定教育目标,形成的富有文化象征意义,具有集体性和重复表演性的经验表达行为。它具有文化交流功能、行为控制功能、角色暗示功能、团体凝聚功能等。[3]从实施主体来看,课堂仪式分为教师仪式、学生仪式和师生互动仪式;从教学环节来看,课堂仪式又可分为开课仪式、互动仪式、评价仪式、小结仪式。比如,上课时,师生互致问候的仪式,可以使学生的注意力从课间的游戏或休息状态中迅速转移到课堂上来;课堂上学生回答问题必须举手这一基本仪式,可以确保课堂问答以有序方式展开;学生回答问题后教师的及时点评、表扬、追问,可以帮助学生更加积极主动地参与到课堂中来;课堂小结归纳反思仪式能够帮助学生进一步梳理内容,内化知识……通过必要的仪式,能够培养学生的课堂常规纪律,有助于学生良好行为习惯的养成。

(二)思考与交流的协同

学生核心素养的养成需要有效的课堂对话。深度学习下的生命力课堂针对目前部分课堂还存在教师一讲到底、课堂沉闷,为合作而合作、表面热闹,课堂提问泛滥、缺乏深度等现象,提出了对话与内化相统一的原则。课堂教学是学生自主学习与合作学习融合的过程,这个过程中,我们需要师生之间、生生之间进行有效的对话和足够的独立思考。对话的目的不在于获得某个客观真理或者解决某个问题,而在于彼此在对话过程中形成的对知识的深入认知,以及相互理解和自我理解。[4]对话的过程不仅是一个认知的过程,更是一种情感交融的过程。而有效的独立思考则能够让学生进行充分的思辨和内化,提升学生的创新与反思意识。学生只有在质疑、反思、内化后,才能将外在的人类已有的实践成果转化为自身将来参与社会历史实践的能量。[5]因此,在课堂教学中我们既要学会使用包容型对话、批判型对话、辩论型对话等多元对话模式,创设适宜的问题情境,让学生产生质疑、批判、推理等深度学习思维活动,同时要留足时间让学生独立思考,内化所想所感。最终,让学生在热烈讨论与冷静思考之后,在继承与创新中传承人类优秀文化成果,形成自身的思维方式与解决问题的基本能力,以及养成正确的社会价值观。

例如,法治教育《擦亮眼睛防诈骗 保护信息记心间》的教学片段:

教师:个人信息的泄露会带来哪些危害?

学生1:带来经济上的损失,甚者危害生命,扰乱社会秩序。

教师:个人信息的泄露为何屡禁不止?

学生2:我们对个人信息的保护不到位。

学生3:法律缺失,犯罪成本低,公安机关取证难、追溯难。

学生4:信息买卖者道德意识薄弱。

学生5:系统漏洞,容易被黑客攻破。

教师:泄露信息之后,轻者滋扰民众,重则发生网络诈骗,甚者危害生命安全。在大数据时代,我们每一个人都是"透明人"。2021年3·15晚会中个人信息泄露成为最大痛点。如果你是个人信息被泄露者中的一员,面对这种情况,你会怎么处理呢?

(独立思考1分钟后,小组讨论3分钟。)

学生6:关闭不需要使用的APP。

学生7:快递盒上贴的快递单要处理掉。

学生8:情节较轻时,协商解决;情节严重时,进行申诉。

教师:除了大家提到的保护方式,我也给大家分享我的保护途径:关闭位置访问权限;切忌扫路边二维码;不连接免费的WiFi;勿打开广告弹窗;使用国家反诈中心 APP。

……

(三)启发与讲授的结合

单一教学方式下的课堂气氛沉闷,缺乏趣味性,学生参与程度低,从而出现课堂秩序问题和引发异常行为。所以,教师在教学中,应追求体现引导、合作、对话、激励的启发式教学方式,以激发调动学生积极性和主动性为起点,科学地引导学生积极思考、主动实践,促进学生在教师指导下主动地、有个性地学习,让学生自觉、自愿、自信地参与到课堂教学中来,提高教学的有效性。启发式教学的方法有很多,包括启发式讲授、启发式谈话、启发式讨论和启发式实验等。

例如,高中化学《氨气及其性质》的教学片段:

教师:请大家进行实验操作,并整理现象、结论,写在学案上。

实验活动:指导学生操作"喷泉实验"。

教师:观察到了什么现象?

学生 1:先观察到了水柱上升,呈现出喷泉状态,同时液体变红。

教师:为什么会呈现喷泉状态?

学生 2:因为烧瓶内外存在压强差。

教师:为什么会出现压强差?

学生 3:挤压胶头滴管,由于氨气易溶于水,所以存在压强差。

教师:很好。这就是"喷泉实验"的原理。

教师:请再思考,如果没有胶头滴管,还有什么办法可以实现"喷泉实验"?

学生 4:加热烧瓶。

教师:请一位同学上台进行实验操作,其他同学思考,为什么加热烧瓶可以实现?

学生 5:气体热胀冷缩。

教师:很好。刚才有部分同学实验操作失败,你们觉得原因有哪些?

学生6:氨气量不足;设备的气密性不够。

教师:还有补充的吗?

学生7:圆形烧瓶不干燥。

教师:很好。从装置和试剂两个角度进行原因分析,这是我们分析问题的两个路径。下面,我们再分析第二个现象,为什么会变红?

......

(四)快慢与多少的把控

一堂美妙的课犹如一首美妙的乐章,总是长短相宜、疏密相间、强弱有别、快慢有序、动静相生的。

生命力课堂强调教师要确定适宜的教学内容容量。一方面,当教学内容不够时,教师教学就会在某些知识上进行过多的重复,学生会出现"吃不饱"的现象,课堂效率较低;另一方面,当教学内容太多时,教师教学时就会出现赶进度的现象,容易超出学生的接受水平,学生学习起来会感到吃力,对学到的知识领悟不透彻,煮成了"夹生饭"。因此,在教学过程中,教师要考虑到实际的教学情境,依据学生在课堂中的学习状态和学习水平,及时、动态地调控教学容量的大小,确保教学容量的适宜有度。

生命力课堂还强调教师要准确把握教学进程节奏。教材中包含的重难点又决定了教学内容具有波动性。教师在授课时如果不分重难点、不分详略地将知识灌输给学生,缺少对教学进程的快慢调控,必然让学生感到枯燥乏味,教学过程缺乏起承转合之感。因此,教师应注重对教学进程的调控,在重难点内容的学习上一定要慢,做到重点问题仔细讲,适当放慢节奏;次要问题简略讲,适当加快节奏;大部分学生已透彻掌握的问题可少讲或不讲,确保课堂节奏和学生学习能力特征、教学内容难易相吻合,从而做到快慢适宜,张弛有度。

(五)自主与合作的搭配

开展小组合作学习的目的就是让学生合作探究、交流思想、共解难题。为避免合作学习出现只有形式而效率低下的问题,需要从合作学习的准备阶段、实施阶段和评价阶段等环节寻找有效策略。准备阶段教师要有明确的小组目标和分工,每位同学明确各自的角色和责任,保证合作过程中做到人人参与、秩序井然。实施阶段教师要充分发挥组织者、主导者和监控者的角色,为学生合作提供指导和帮助,助力学生实现合作学习目标。评价阶段教师需要对学生和学习小组分别进行评价,做到学生个体和小组评价相结合、合作过程和结果评价相结合,将学习成绩、社交技能、情感态度、小组氛围等纳入评价内容,形成组内成员合作、组间成员竞争的良好格局。

例如,高中语文《装在套子里的人》的教学片段:

教师:课文第三个注释提到,课文有过删改。近年,有网友建议使用未删改的原文,那我们今天就对原文和课文进行比较性阅读。我想先请几位同学来谈一谈课文与你找到的原文不同的地方。

学生1:背景上面有所不同。

学生2:原文多了三个人物,布尔金、伊凡内奇和玛芙拉。

学生3:环境不一样,课文只有社会环境,原文多了自然环境。

学生4:情节不一样,原文对恋爱事件的描写更加详细,多了布尔金和伊凡内奇的对话。

教师:课文更加简洁,原文更加丰富。请问课文删除的内容有没有存在的必要性?你更倾向于哪一篇呢?

教师:课前问卷调查的时候,大家已经对两篇文章进行了初步的比较分析,有了自己的独立思考,现在请三位同学为一个小组,交流讨论各自的看法,交流中明确小组的态度,同时请确定一位记录员,记录下你们的讨论内容;确定一位中心发言人,展示小组的结论;讨论时间6分钟,开始。

(学生小组讨论,教师指导。)

教师:同学们,时间到。虽然两篇文章语言文字各不相同,但是都有存在的合理性,接下来,我们先从环境角度来比较。请从环境角度比较的小组上台展示。

学生5:原文通过自然环境的描写来反映人物心理的状况。

追问:这个自然环境是指怎样的环境?

学生5:比较宁静。

追问:宁静的自然环境在原文中有怎样的作用呢?

学生5:塑造出人物内心的平静。

追问:联系当时的社会背景想一想?

学生5:形成了对比,表达了对旧思想的抨击,对沙皇专制的批判。

……

有效的合作学习需要建立在学生充分独立思考的前提下,将自主思考与小组合作相结合,以小组合作促进自主思考,以自主思考丰富合作学习,让学生在思考、交流、反思、改进中不断开拓思维,提升智慧,丰富认知,同时养成思辨的意识和合作的能力。

又如,高中英语"First-Aid"的教学片段:

教师:现在,大家把理论转化为实践的机会来了。让我们来一个实战演练,看哪一个小组表现最好。请大家以小组为单位,进行急救知识模拟测试,从图片所展示的四种需要急救的情况中,选择一种进行场景设计,或者挑战另一种自己不熟悉的新的急救情况,为大家示范并解说正确的急救步骤。请大家注意以下具体要求:表演内容应包括伤者怎样受伤,有哪些症状,该如何实施急救。小组成员一人扮演医生进行急救步骤的说明,一人扮演伤者,其他人扮演助手或依场景需要自定义角色。大家都明白规则了吗?

学生:明白了。

教师:请大家全体起立,以小组为单位围成一圈,进行讨论。你们有5分钟的讨论时间,现在开始!

（学生小组讨论，教师指导。）

教师：同学们，时间到！现在我邀请一个小组上台来进行表演展示。请大家注意，在导学案的第二页有一份小组评价表。当一个小组在讲台上进行小组展示的时候，其余小组都是评委，请根据小组评价表从语言、表演、参与度三个方面对展示小组的展示进行打分，并进行适当点评。

教师：哪一个小组愿意第一个上来展示？

（表演小组一进行表演。）

教师：感谢这个小组给我们带来的精彩展示，让我们为他们鼓掌。

（学生鼓掌。）

教师：请问大家对他们的表演打几分？

学生：7分。

教师：为什么给7分？

学生：……

教师：大家看他们选择的急救情形是呛住致窒息，请问他们有用到今天学到的相关表达吗？

学生：有！

教师：那他们的发音怎么样？

学生：还可以。

教师：表演呢？

学生：很生动形象。

教师：那参与度如何？

学生：不是所有小组成员都参与了。

教师：对，所以在参与度和语言环节我会扣点分数，因此我同意你们给出的7分。为这个小组加上7分。下面，还有哪个小组愿意上台展示？

（表演小组二进行表演。）

教师:请问大家对他们的表演打几分?

学生:8分。

教师:为什么给8分? 哪位同学代表愿意说一下你的理由?

Group Assessment Sheet(评价标准)

Group	Content			Total Score (10 points)
	Speaking(语言) (6 points) words&phrases learned today; pronunciation; fluency;…	Acting(表演) (2 points) act naturally; speak loudly; …	Involvement (参与度) (2 points) all the group members in; some of the members in; …	
Group _____				
Group _____				
Group _____				
Group _____				

学生:我认为他们有用到今天所学的词汇表达,表演的流畅度也不错,声音也很洪亮,但是他们只有四位同学参与表演,而一个小组总共有6位同学,没有全员参与,所以,我给他们打8分。

教师:好的,感谢你的精彩点评,我完全同意你的看法。为表演小组加上8分,也为你所在的小组加上2分。

在整个小组合作的过程中,学生对讨论和展示环节非常感兴趣,表现得非常积极,参与度很高。教师在讨论之前就提出了活动要求和角色安排,其他小组在观看表演的同时需要根据小组评价表的三个维度打分(语言、表演、参与度),并对展示小组的表演进行适当点评,增强了小组间的竞争性,提高了小组活动参与的积极性,让整个活动合理有效,学生在讨论和表演的过程中,课堂秩序井然,活而不乱。

(六)讲解与训练的结合

讲练结合教学法是提高课堂效率的有效途径。生命力课堂针对目前部分课堂还存在的教师一讲到底、课堂沉闷的现象,要求教师灵活运用讲练结合的教学方法。讲练结合要求教师关注学生知识学习的内化和迁移过程,关注教学目标的达成。通过引导、演示、练习、辅导、改进,使学生习得知识,掌握技能。讲练结合有助于及时检测学生的学习效果,帮助教师及时调整教学进度,纠正学生错误,从而提高课堂教学效率。

比如,数学课堂教学效果的最好评价与反馈形式就是学生能应用数学知识解决相关问题。而这一环节我们要将知识的基础性与拓展性相结合,要善于从示例出发,借题发挥,从不同角度、不同侧面、不同层次进行发散和延伸。同时,也对学生答题方法进行指导。比如:指导学生如何读题、审题,如何挖掘题中的已知条件,如何确定解题思路,如何选择答题方法等。

例如,高中物理《生活中的圆周运动》的教学片段:

演示实验:将硬纸块剪成一个圆盘,用一支圆珠笔杆垂直插入圆盘中心作为转动轴,用手捻动笔杆,使圆盘能随笔杆一起转动。在转动前把一个小瓶子放在水平圆盘上,开始慢慢转动,观察小瓶子在圆盘上是否相对滑动?分析此时瓶子做圆周运动的向心力的来源。然后逐渐增大转动速度,再观察瓶子滑动起来的现象,并分析其原因。

跟踪练习1:请简要回答洗衣机脱水的原理。

先,请学生回答,然后老师引导与梳理:洗衣机脱水桶转速比较小时,水与衣服之间的附着力(分子力)让水随衣服一起做圆周运动;当脱水桶转速增大到一定程度,这个附着力就小于水做圆周运动所需要的向心力,于是水做离心运动而脱离了衣服。

跟踪练习2:在由高级沥青铺设的高速公路上,汽车轮胎与公路之间的动摩擦因素为 0.4,如果汽车以 120km/h 的速度在半径为 225m 的水平弯道的公路上转弯行驶,是否会出现安全隐患?

......

例如,高中语文写作课《议论要有针对性——由国潮论坛引发的思考》的教学片段:

请选择你要参加的论坛,写一段议论性的文字,作为演讲材料。要求观点明确、论证具有针对性、思路清晰,字数 200 字。

环节一:知晓概念,明确目标

第一步:打开教材,浏览内容,概括出提升"针对性"的要素有哪些?

第二步:教师引导得出三要素,即心中有对象,眼里有现实,脑中有逻辑。

环节二:操曲晓声,观剑识器

第一步:学生初写并展示。(20 分钟)

第二步:教师引导学生分析议论文写作的有效方法。

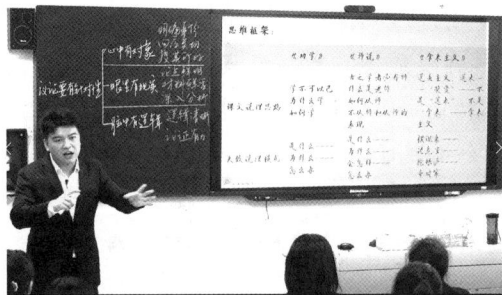

图 2-16　写作思路框架的引导

环节三:写作初改,升格完善

第一步:自我评价,自主升格。依据评价细节标准进行自评,对自己的作品进行有针对性的修改完善。(6 分钟)

第二步:小组研讨,互助升格。在小组内展示修改后的作品,根据组内同学的评价再次修改。并推举出组内在落实论证有针对性

上最成功的作品。（8分钟）

第三步：小组展示，分享作品。教师引导分析。

环节四：再改升维，发掘价值

第一步：教师例文展示，分析写作精髓。

第二步：同学相互交流，仔细揣摩老师的示范，然后把思考成果融入先前的写作中，继续修改完善。

第三步：学生分享展示修改后的作品。

……

图 2-17　学生修改后的作品展示

以讲授做先导，用训练来提高。通过让学生动脑、动手、动口，环环相扣，层层递进，帮助学生掌握议论文写作的技巧和方法，提高写作课的教学效率。

（七）言语与动作的协调

教师在学识、思想、仪表、操行等方面展现出的个人形象和魅力，能够有效地助力课堂管理，帮助教师顺利完成课堂教学任务，提高课堂教学质量。比如，讲述式语言、命令式语言、引导式语言、鼓励式语言，每种类型的语言都有不同的语气、语调，甚至配以不同的神态、动作。教师恰当的言语组织和清晰的身体动作表达能够帮助教师有效管控课堂。例如，教师可以通过控制和运用面部表情或手势向学生传达情绪信息。用微笑表示肯定、赞同或鼓励，营造愉快轻松的课堂氛围；通过上挑、下垂、舒展眉头，表达疑问、失望、不满和愉悦;通过竖起大拇指或摇手等评价性手势向学生表达称赞或反对,使学生明白课堂行为表现的正确与否;通过变换语调、停顿引起学生的注意和警觉,从而提高课堂管理的有效性。

(八)认知与情感的融合

课堂教学过程中,师生交往不仅是知识的传递,也是情感的交流。认知与情感是不可分割的统一体。情感往往伴随着认知而产生,认知又在情感中升华。生命力课堂注重在知识的学习过程中,引导和激发学生的情感,让情感的培育伴随着认知的发展而实现。

例如,初中语文《安塞腰鼓》的教学片段:

教师:作者大量使用排比、反复、短句来写安塞腰鼓,那这样写,作者到底想表现什么呢?

学生:我从"它使你惊异于那农民衣着包裹着的躯体,那消化着红豆角角老南瓜的躯体,居然可以释放出那么奇伟磅礴的力量"中感受到作者想表现农民那种坚韧顽强的精神。农民在遇到困难的时候还是不断地奋发向上,虽然他们只能吃红豆角,吃老南瓜,但是他们有一股不服输的劲儿,所以可以释放出那么奇伟磅礴的力量。

教师:刚刚我听到了几个很关键的词,一是"红豆角角老南瓜",一是"不服输的劲儿",那么"红豆角角老南瓜"更深层的意思是什么呢?

学生:应该指他们贫穷落后的生活水平。

教师:面对贫穷落后的生活,这群后生展现的是一种怎样的形象?

学生:他们想摆脱这样落后的生活,他们用安塞腰鼓来宣泄旺盛的生命力。

教师:他们在贫瘠的黄土高原上酣畅淋漓地击鼓,痛痛快快地舞蹈,可以说,他们把生命力宣泄到了极致。作者写安塞腰鼓,其实就是在歌颂生命的力量!这力量,也就是刚刚这位同学说的"不服输的劲儿"。所以人哪,活着,就应该活出一股劲儿!学习上,要有一股猛劲;工作上,要有一股能劲;事业上,要有一股牛劲!有劲的生活,才是痛快的生活!

伴随着新课程改革的推进,良好的课堂秩序需要我们遵循教育的本质与规律,关注人的自由全面发展,从课堂管理走向课堂治理。通过建立师生学习共同体,构建民主、合作、开放、智慧型的课堂秩序,使课堂既成为师生共同探究知识、发展能力、交融情意、彰显人性的殿堂,又成为生命价值与人生意义得以充分彰显的快乐场所。[6]

第二节　典型案例

高中英语"Subjunctive Mood in If-clause"

一、教材分析

虚拟语气是高中英语语法中的难点之一,也是考试中常考的语法项目,随着高考英语政策的不断变革,高考题型一再推陈出新,但考查的知识点和侧重点变化幅度不大,一般通过听力、阅读、填空、作文等多种形式测试学生对该知识点的掌握。全面地了解虚拟语气在高考中的运用,十分关键。同时,它也是优生突破高分的一个关键点。本课将练习巩固 If 条件句中的虚拟语气在高考听力、阅读、填空、作文等多种题型中的运用,通过分组、竞赛等形式让学生充分体会并掌握虚拟语气在高考中的运用。

二、教学目标

(1)掌握 If 条件句中的虚拟语气的三种基本形式。

(2)围绕 If 条件句中的虚拟语气的意义、三种基本形式及其用法展开听说读写能力的训练。

(3)感受小组合作、竞争学习的重要性。

(4)利用三八妇女节给母亲写一封信(用虚拟语气),进行亲情教育。

三、教学重难点

(1)教学重点:学生能否理解并掌握虚拟语气的意义。

(2)教学难点:学生能否领悟并掌握虚拟语气在听力、阅读中运用的言外之意。

四、教学过程

Step 1：Warming up

Listen to the music "If I were a boy".

【设计意图】引出话题，激活学生学习热情，为后面学习做铺垫，和谐师生关系，增强课堂愉悦力。

Step 2：Leading in

T：Listen to music and fill in blanks.

S：Use three sentences to get the meaning of the Unreal conditionals.

1）If I <u>were</u> a man，I would give up smoking.

2）If they <u>should</u> become my classmate tomorrow，I would choose Taylor Swift as my desk mate.

3）If Jack <u>hadn't won</u> on board，he wouldn't have met Rose.

【设计意图】引入虚拟语气，初步了解虚拟语气的三种形式。

Step 3：Unreal conditionals

（1）Unreal present.

Use pictures to learn the unreal present and practice it.

合作探究 Task 1：Group work.

Game：Sentence Chain in groups.

S1：What would you do if you had so much money now?

S2：If I had so much money，I would buy many beautiful clothes. What about you?

S3：If I had so much money，I would...

S4：...S5：...S6：...S7：...

（2）Unreal future.

Use pictures to learn the unreal future and practice it.

合作探究 Task 2：Pair Work.

T：Make a dialogue with partners.

S：If they should become your classmates tomorrow，who would you choose as your desk mate？ And why？

（3）Unreal past.

T：Use pictures to learn the unreal past and practice it.

S：Rewrite with an unreal conditional.

1）The ship sank on its first voyage. About 1500 people lost their lives at that time.

2）The ship struck an iceberg.

自主学习　Task 3：Fill in blanks（Individual work）

1）如果 Jack 没有赢得票，他就不会登船（go on board）。

If Jack _____ a ticket，he _____ on board.

2）如果 Jack 没有登上船，他就不会遇上 Rose。

If Jack _____ on board，he _____ Rose.

3）如果 Jack 没有遇上 Rose，他们就不会相爱。

If Jack _____ Rose，they _____.

【设计意图】 让学生通过合作探究、自主学习的形式练习，然后分别复习以 If 条件句中的虚拟语气的三种基本形式。同时培养学生的团结合作能力，通过编对话、句子接龙等游戏形式，有效地调动学生的学习兴趣与积极性，增强课堂吸引力和愉悦力。另外，用钟南山、袁隆平等举例，榜样引领，让学生学习当代中国精神。

Step 4：Summary

时间	if 虚拟条件句谓语	主句 谓语
现在	If＋were/did	would/should/could/might do
将来	If＋were/did	would/should/could/might do
	were to do	
	should do	
过去	If ＋had done	would/should/could/might have done

【设计意图】培养学生的归纳总结能力。

Step 5：Practice

Task 4：Groups　PK

（1）Rewrite with an unreal conditional.

You helped me in the past. I got high marks in English last term.

_____

（2）Compare the two sentences and find the one with an unreal conditional.

1）If I have time tomorrow，I will go with you.

2）If I were a bird，I would fly high to touch the cloud.

（3）If God _____（give）me another chance，I _____（tell）the girl three words：I love you. If I _____（have）to set a time limit to our love，it _____（be）10,000 years.

（4）挑战高考之听力。

Unreal conditional：

_____（新课标全国Ⅰ卷，2016）

What does the woman suggest the man do?

A. Tell Kate to stop.

B. Call Kate's friends.

C. Stay away from Kate.

（5）挑战高考之语法填空。（江苏卷，2015）

1）It might have saved me some trouble if I _____（know）the schedule.

2）If he _____（follow）my advice，he wouldn't have lost his job.

（6）Listen to music and fill in blanks.

If I _____（get）down on my knees and I pleaded with you.

If I _____(cross) a million oceans just to be with you,

_____ you ever _____(let) me down.

If I _____(climb) the highest mountain just to hold you tight. If I said that...

(7)挑战之阅读改错。(北京卷,2015)

1)If I hadn't seen it with my own eyes, I will not have believed it.

2)If you called him yesterday, you wouldn't have been late again.

【设计意图】题目以高考真题的形式出现,通过小组 PK 让学生巩固 If 条件句中的虚拟语气的用法,与高考接轨,体验实战高考,同时培养学生的小组竞争意识,提高学生的参与度,增强课堂吸引力。

Step 6:Consolidation

小组合作探究 Task 5:Writing.

Appreciate a video and finish the writing.

Sometimes our life is filled with something sorrow and regretful. Tomorrow is Women's Day. Please help my cousin to write down his regret to his mother.

He regrets working in shenzhen for 20 years _____ _____(因为它离家太远了). In the past 10 years, he has lost one of the most important persons in his life. If that time _____(如果时间可以倒回), he _____ _____(他会听从父母的建议)his parents' advice to stay with them. If _____(如果他听从了父母的建议), he _____(他就不会那么后悔). If _____such a vital decision in the future(如果他将来再做这么重要的决定), he _____ _____with all his family members(他会和家人一起商量).

【设计意图】通过看《时间去哪儿》视频并小组讨论、完成写作练习 If 条件句的虚拟语气，并且学习处理亲子关系，达到情感升华的目的。

Step 7：Homework

Writing：Yesterday was Women's Day，please write your regrets to your mother.

要求：(1)字数 100 字左右。(2)写在写作本上。(3)字迹工整。

【设计意图】以写作形式出现，与高考接轨，再次巩固 If 条件句的虚拟语气的用法，培养学生知识的迁移能力，写作内容定为《给母亲的一封信》，有利于和谐亲子关系，浸润课堂情志力，实现立德树人的育人目标。

(执教者：礼嘉中学张英燕)

参考文献

[1] 王丽琴. 为了学生的精神自由——教学秩序之思[D]. 华东师范大学，2008.

[2] 殷世东，伍德勤. 新型课堂秩序及其重构策略[J]. 中国教育学刊，2004(8)：39－41.

[3] 胡彬涵. 中小学课堂仪式的现实问题与改进对策研究[D]. 武汉大学，2017.

[4] 张光陆. 有效的课堂对话与学生核心素养的养成[J]. 课程·教材·教法，2017(3)：52－57.

[5] 田慧生，刘月霞. 深度学习：走向核心素养[M]. 北京：教育科学出版社，2018.

[6] 夏晋祥. "生命课堂"理论价值与实践路径的探寻[J]. 课程·教材·教法，2008(01)：26－30.

第八章
课堂体验感受愉悦力

课堂愉悦体验，心智和谐发展

愉悦，指欢乐、喜悦，身心放松。出自汉代荀悦《汉纪·宣帝纪四》："千载一会，愉悦无斁。"

传统课堂教学中，部分学生由于课堂沉闷无趣、学习压力过大，容易产生消极、厌学等心理情绪。这对学生知识掌握、能力及素养提升都极为不利。课堂愉悦力强调师生的内心愉悦感受，可以是操作探究中的惊喜发现，可以是互动交流中的积极态度，可以是活动体验中的乐趣享受，可以是评价反馈中的鼓励表扬。在这样的课堂中，教师激情饱满，学生乐学不疲。

构建充满愉悦力的课堂，教师需要关注宽松愉悦的环境、积极向上的情感、沉浸有趣的活动，让学生在身心舒展的环境中进行学习，在快乐有趣的体验中感知知识及其蕴含的深刻内涵，让学生保持积极的学习及生活态度，助力学生心智和谐健康发展。

经典语录

教学艺术是一种教起来使人感到愉悦的艺术。

——夸美纽斯

教育的艺术是使学生喜欢你所教的东西。

——卢梭

教学的艺术不在于传授的本领，而在于激励、唤醒、鼓舞。

——第斯多惠

知之者不如好之者，好之者不如乐之者。

——孔子

能培养独创性和唤起对知识愉悦的，是教师的最高本领。

——爱因斯坦

所有能使孩子得到美的享受、美的快乐和美的满足的东西，都具有一种奇特的教育力量。

——苏霍姆林斯基

第一节　课堂体验丰富认知情感

2001 年《基础教育课程改革纲要(试行)》提出:"改变课程过于重视知识传授的倾向,强调形成积极主动的学习态度。"生命力课堂重视"教师主导、学生主体",强调打造多声对话的课堂世界,让学生的行为、情感、认知,都积极、主动地参与到课堂中来,丰富学生的课堂体验,让学生感受到学习本身带来的乐趣和喜悦。

一、课堂体验的意蕴

(一)课堂体验的解读

体验指亲身经历,实地领会。从心理学角度来阐释,体验则是一种复杂的心理活动,是在经验中获得并带来行为上变化的过程。因此,在教学过程中,教师应多关注学生的心理和行为变化。夸美纽斯的《大教学论》指出:"一切事物认识的经验获得一定都是从感官感知的。"德国教育学家科翰认为,经验来自亲身体验,就会终身不忘。因此,课堂体验强调学生五官、手足的参与,包括提问、回答、倾听、思考、角色扮演、实验操作等,让学生在亲身体验中习得知识的同时,升华自身的情感认知。

(二)课堂体验的形式

学生课堂体验是情感投入、行为投入和认知投入的组合。学生的投入度决定其课堂参与的程度,一般来说,投入越高,参与度越高,学业质量越好。

1.情感投入

情感投入就是学习活动中的情感体验,即以感性认识带动心理反映的体验活动。情感体验关注学生精神世界和生命意义的建构,关注学生精神世界的充实与丰富。课堂中,教师以情感为纽带,以情育情、融情明理,通过兴趣激发、言语鼓励、情境激励、情感共鸣,激活学生的情感世界,学生在熏陶、感染、启迪中做出自己的分析与价值判断,从而实现身心和谐健康发展。

2.行为投入

我国大教育家陶行知先生主张"教学做合一",以做为中心,在做中学。行为体验注重学生动手实践,通过实验操作、角色扮演、情境互动,让学生在体悟中探究知识,体验知识丰富的内涵与意义,感悟知识蕴含的深刻的思想方法与复杂的情感,体会知识对学科发展以及人类进步的巨大作用与价值。

3.认知投入

认知投入指学生的学习策略,主要包括浅层次和深层次两个方面,前者使用死记硬背的方式,而后者使用发现意义的方式。有研究表明,学习任务的难度影响着学生的认知投入,难度越大,认知投入越高;难度越小,认知投入越低。因此,提高学生认知投入需要设计具有挑战性的问题任务,诱导学生思维高度集中,并积极思考,通过自主、合作、探究解决问题,从而满足好奇心,获得成就感。

二、课堂体验感受愉悦力的策略

愉悦力课堂的构建,教师需要从情感体验、活动体验、情境体验、认知体验等多维度进行创新设计,通过饱满的积极性情感、鲜活的情境性素材、丰富的沉浸式活动和深刻的挑战性问题,提高课堂体验的愉悦力,使学生在身心舒展的状态下轻松快乐地获取知识,从而提高教学质量。

(一)传递积极情感,提升"愉悦"情趣

感人心者莫先乎情,"情感"是生命力课堂不可或缺的一个要素。苏霍姆林斯基说过:"只有当情感的血液在知识的肌体中欢腾跳跃的时候,知识才会融入人的精神世界。"因此,伴随着积极的情

感体验的教学活动,不仅可以增进学生对知识的理解,而且能够让知识深入学生的内心,进而达到影响思想、形成信念的目的。

1.风趣幽默的言语是愉悦力课堂的调味料

幽默感能诱发学生的心理,在给予学生轻松快乐的同时,将深奥的知识外显化,将深刻的道理趣味化,让学生在欢笑中思考,在领悟中欢笑。教师娴熟地运用幽默的语言,可以使叙事更加具体、生动;说理更加深刻、透明;抒情更加真切、动人。诙谐风趣的语言越丰富,学生就越容易被感染,课堂氛围就越轻松,教学效果就会越显著。比如,在讲到病毒的生活方式时,说"病毒就像罪大恶极的侵略者,吃人家的,住人家的,走的时候还把人家房子拆了!"在引导学生记忆蛋白质功能时,利用"催(催化)狗(结构)运(运输)面(免疫)条(调节)",非常巧妙地突破重难点。[1]又如,教学高中数学《轨迹与方程》一课时,教师引导学生归纳出求轨迹方程的步骤:(1)建系,(2)设点,(3)呈现关系,(4)带点,(5)化简,再把这些步骤总结为"建设现代化"一句口诀,不仅给学生带来了"愉悦"的记忆,更在潜移默化中帮助学生对立远大抱负。

例如,高中物理《牛顿第二定律》的教学片段:

教师:下面请这位同学为大家演示一下力的传感器的使用,在拉的过程中,请让力的传感器运动起来,运动得越疯狂越好。其他同学请看他表演。

教师:这位同学的表演很到位、很疯狂,在这样乱舞的情况下,我们得到了这个图象,这个图象美吗?

学生:不美。

教师:从数学的角度来看呢?

学生:具有对称美。

例如,高中数学《方程的根与函数的零点》的教学片段:

在得到零点概念后,追踪练习时,有学生误以为零点是一个点的坐标而犯错。

例题:函数 $f(x) = x \cdot (x-4)$ 的零点是( )

A. $(0,0)(2,0)$ B. 0

C. $(4,0)(0,0)$ D. $4,0$

学生1:选C,两个零点。

学生2:选D,零点不是点,是一个实数。

其他学生:选D。

教师:啊~此情此景,我突然想……(宋晓峰小品的名场面。)

学生接道:吟诗一首(笑)。

教师:我出上联,你们给下联。上联是"函数不是数"。

所有学生:"零点不是点。"

2. 适当的肢体语言是愉悦力课堂的传感器

肢体语言包括教师的表情、仪态、语气,具体表现为面部表情、眼神、手势,甚至服饰等。肢体语言运用得当能够辅助课堂讲授、激励和引发情感,组织和控制学生的课堂行为,提高课堂的教学魅力,使课堂教学更加轻松、自然,达到更好的教学效果。

3. 教师的激情澎湃是愉悦力课堂的保鲜剂

美国著名教授理查德·威伍曾经说过:"伟大的教师一定是有激情的教师。"富有激情的课堂能激起学生渴求知识、努力学习的愿望,激发学生学习的内驱力,从而有效调动学生探究问题的主动性和积极性,并以饱满的状态学习知识。没有激情的教学注定平平淡淡,没有激情的课堂也注定索然无味。此外,教师的微笑是愉悦课堂的自信法宝。因为微笑能温暖学生的心灵,感化学生的顽劣,激发学生的学习兴趣和探究热情,化解矛盾,从而营造和谐的课堂。因此,在教学中,要尽可能保持微笑。

生命力课堂要求教师学会优化情感环境,让学生在情感体验中感受人与人之间的相互依赖、信任、合作等社会性积极情感,让学生真切地去体验伴随活动而来的痛苦或欣喜的感觉经历,最终在收获知识、认识世界、丰富情感的过程体验中实现自身成长,成为一个具有高级社会性情感、积极乐观的态度、正确的社会价值观的,勇于担当、敢于创新的社会主义接班人。

(二)设计体验活动,丰富"愉悦"感知

学习活动是指通过教师的设计与引导,调动学生多种身体器官,在活动中主动探索、主动思考、主动实践,最终获取知识、掌握方法、提高能力的行为过程的总和。组织学生参与的活动不能流于形式,停于表层,学生只有深度参与后,才有深切的感受,课堂才能有高质量和高效率。

例如,初中地理《地球运动》的教学片段:

教师:同学们,如果我们是地球,我们会怎样自转? 有没有同学愿意上台尝试做地球的自转?

学生积极踊跃举手参加,教师请一位同学上台展示。

教师:请你把自己的身体当作地球,用双手和脑袋当作地轴,像地球一样自转一圈。其他同学仔细观察他的展示是否准确,并点评、纠正。

学生开始自转。

教师:他的自转正确吗?

学生1:他的自转方向是对的,绕着地轴自西向东地转动。

教师:还有其他意见吗?

学生2:他的地轴指向不正确,应该是斜着的。

教师:好,请这位同学再正确地展示一遍。最后请同学们都把自己当作地球,一起自转吧……

纠正前　　　　　　　　　纠正后

图 2-18　地球自转展示

教师：下面我请两位同学上台演示地球的公转，一位扮演太阳，另一位手持地球仪，请其他同学观察他们演示的是否准确，并点评、纠正。

学生3：地球只是在公转，没有自转，应该加上自转，一边自转一边公转。

教师：非常好，还有其他发现吗？

学生4：自转轴方向要保持不变。（学生纠正错误。）

教师：真棒，你们都注意到了地球公转时，地球自转的所有特征全部要保持不变。

心理学认为："课堂上只有经常性启发学生动手、动口、动脑，自己去发现问题，解决问题，才能使学生始终处于一种积极探索知识、寻求答案的最佳学习状态中。"《地球运动》这节课用学生模仿所呈现出的问题，表明地球自转、公转及其产生的地理现象是该节内容的难点。教学时，老师通过学生演示、小组合作等充分调动学生的多种感官，让学生在全方位参与中学习，激发学生的学习积极性，提高学生的参与率，使地理课堂生机勃勃，充满活力。

（三）优化情境素材，增强"愉悦"体验

教学情境是指在课堂教学中，根据教学内容，为落实教学目标所设定的，能够使学生主动积极建构性学习的具有学习背景、景象和学习活动条件的学习环境。融于情境的知识会显得生动、形象、具体，更容易被学生理解、消化、吸收。情境的创设需要遵循真实性、诱发性和时代性，适合学生的认知水平，靠近他们的生活实际，能引发学生的经验共鸣，能激起学生的认知冲突，能促进学生的积极思考。学生在"眼见为实"的丰富、生动、形象的情境中，通过对情境相关问题的探究，完成对知识内容的意义的建构。比如，在进行初中数学《平均数》教学时，以电影《长津湖》为背景，请几位同学给电影打分，再求几个分数的平均数，进而得到 n 个数的平均数的表达式，引出算术平均数概念。进一步，给出好电影的评选标准：动作特效、故事情节、人文情怀的重要程度分别为 20%,30%,50%。请学生重新打分,自然引出权的概念,让学生理解权是体现数据的重要程度的量,切实体会到权的差异对结果的影响,深刻认识到权的重要性。通过创设给《长津湖》电影打分的情境,引发学生的经验共鸣,突破了数学知识抽象、难理解的难点,不仅激发了学生的学习兴趣,也涵养了学生的爱国情怀。

例如,高中地理《主要地貌的认识》的教学片段:

教师:在石灰岩上滴点酸,大家观察石灰岩有何反应?

学生:产生了大量的气泡。

教师:说明了什么问题?

学生:石灰岩与酸发生了反应。

教师:说明石灰岩所含的主要物质是什么?

学生:碳酸钙。

教师:你能阐述岩溶地貌形成的原因吗?

学生:在喀斯特地貌中,二氧化碳溶于水生成碳酸,这时,流水对石灰岩产生了溶蚀作用,碳酸钙与二氧化碳、水发生反应,生成碳酸氢钙,碳酸氢钙易溶于水,进而形成岩溶地貌。

图 2-19　石灰岩与酸反应的实验展示

(四)善用技术交互,营造"愉悦"氛围

信息时代,随着教育改革的浪潮不断深入,各种新型的信息技术进入校园。希沃白板 5 作为一款专门针对教学场景设计的互动课件工具,以多媒体交互白板工具为应用中心,集备课、教学于一体。希沃白板 5 的"蒙层、超链接、放大镜、课堂活动、学科工具、思维导图、秒表计时、手机同屏"等功能,为开展交互式课堂教学活动设计与实施提供了技术保障。课堂中妙用电子白板,增强"愉悦"视听体验,迎合了学生的学习兴趣,让学生能够观其境,闻其声,触景而生情,兴趣盎然,有助于提高学生的学习兴趣,提高课堂教学效果。

比如,教学初中地理《火山与地震》一课时,教师使用电子白板播放发生于 1815 年 4—7 月印度尼西亚坦博拉火山爆发的电脑模拟图像、2008 年 5 月 12 日我国四川汶川大地震山崩地裂的景象以及 2011 年 3 月 11 日日本大地震并引发大规模海啸的图像,学生既好奇又恐惧。他们纷纷提出疑问:这些地方为什么会发生火山、地震? 火山和地震主要分布在哪里? 教师不采用直接告诉学生答案的方式,而是将"六大板块示意图"和"世界火山与地震分布图"投影到屏幕上,引导学生看图析图,寻找答案。同学们兴致高涨,疑问被一一解开。随后,教师展示地震发生时的自我保护应急措施,请学生们指出哪些是正确的,哪些不正确,并说明原因。学生通过讨论,还说出了另外一些正确的自我保护应急措施,从而获得较好的教学效果。[2]

又如,教学初中地理《地球运动》时,通过 PK 小游戏检验学生知识掌握的情况,运用互动游戏寓教于乐,把学科知识和互动活动很好地结合起来,丰富了课堂检测的形式,激起了学生的挑战心,提高了课堂的趣味性。

图 2-20　游戏 PK

(五)设计真实任务,塑造"愉悦"情景

有研究表明,越是真实的任务,学生的兴趣越大,他们会有更明确的行动意愿,努力克服困难,在完成任务时不断提升自我价值,从而持续性地开展探究。因此,教学时需要联系生活实际,创设真实任务,激发学生内在的好奇心和求知欲,使其热爱学习,在实践活动中完成知识的建构、能力的培养,形成良好的素养。

联系生活主要指教学内容的选择应紧密联系衣食住行、社会现象、生活事件、自然规律等。联系生活实际,可以帮助学生深入了解我们所处的世界。比如,教学高中生物《特异性免疫》一课时,教师请学生阅读一段材料:武汉金银潭医院院长张定宇先生在疫情初期接受采访时呼吁新冠肺炎的痊愈者捐献血清,这将为拯救新冠肺炎的危重患者提供有力的帮助。由此提出问题:"为什么新冠肺炎痊愈者的血清可以帮助危重症患者?"组织学生带着问题自主学习教材内容,讨论并回答问题。通过联系生活实际,引发学生的共鸣,通过引导学生运用所学知识分析和解决现实生活中存在的问题,改造我们的生活。

例如,初中生物《细菌》的教学片段:

教师:这些可口美味的食物放置几天后,你会闻到什么气味?

学生:臭味。

教师:这些食物为什么会发臭?

学生:有细菌滋生。

教师:你能看到这些细菌吗?

学生:不能。

教师:这种生物用肉眼看不到,那最先发现细菌的人是谁呢?他是怎样发现细菌的呢? 煮沸的肉汤放置一段时间以后会发生变质,有科学家认为,肉汤的变质是由肉汤中自然产生了细菌导致,事实是不是这样呢?

教师播放视频——巴斯德的实验,使学生通过视频找到问题答案,并且得出结论:细菌不会自然产生,而是来源于已经存在的细菌。

(六)挑战综合问题,加强"愉悦"认知

对未知的好奇和对问题解决的渴求是学生进行深度学习的重要动机来源,是激发斗志的强大动力。充满挑战性的问题,能够培养学生的"胜任力"。当学生运用高阶思维(分析、评价、创造)解决了一个具有挑战性的问题时,他会由衷地感到满足和自信,促使他去挑战下一个问题。在课堂教学中,教师可以把学习的内容综合成一个有一定难度的课堂任务,学生只有学习并应用本节课的知识技能才能完成这个任务。例如,信息技术课上,在学生对 flash 窗口有了初步的认识,学习了基本工具的使用,掌握了逐帧动画制作之后,教师要求学生制作一个移动动画作品,就是一项综合性课堂任务。

例如,《天净沙·秋思》的教学片段:

在教师带领学生通过反复诵读、品味意象、赏析镜头、明晰色调,体悟作者的多重愁绪后。

教师:阅读与写作是可以相互迁移的,我们刚刚总结了阅读诗词的方法,那同样也可以迁移到写作当中来,请同学们仿照作小令一首。

学生1：

天净沙·作业

昨日　西风　试卷，

傍晚　手起　笔落，

奋斗　只为　明天。

黑夜　初升，作业人　在　灯下。

学生2：

天净沙·追梦

翠鸟　和风　嫩芽，

白草　红叶　黄花，

晨读　薄烟　朝霞。

初日　东升，追梦人　在　礼嘉。

教师：无论天涯与海角，大抵心安即是家。千百年前断肠人马致远找不到归处，因离愁诉归思，而同一个朝代的白朴却能在81岁时策杖履步，游走四方，终于找到自己心灵的家园。吾心安处是礼嘉，我希望富有朝气的你们，能够在礼嘉播下春日的种子，迎来喜悦的丰收之秋。

"于巧中见奇，于奇中生效。"愉悦力课堂能给人一种美的感受，语言美、行为美、心灵美、板书美、情境美、思维美，在这样的课堂里，师生在文字与活动的体验中，在思想与语言的碰撞中，在尊重与信任的对话中，深深受到美的熏陶和浸润，学生身心舒展，思维活跃，自由翱翔。

第二节 典型案例

高中生物《特异性免疫》

一、教材分析

本节课内容是人教版选择性必修一第四章第二节"特异性免疫",对应于课标上的内容要求是:免疫系统能够抵御病原体的侵袭,识别并清除机体内衰老、死亡或异常的细胞,实现机体稳态。阐明特异性免疫是通过体液免疫和细胞免疫两种方式,针对特定病原体发生的免疫应答。该内容相对比较抽象,所以在组织教材时,希望学生学完相关内容,能够结合日常生活中的情境,分析说明人体通过免疫系统的调节作用对内外环境的变化作出反应,以维持内环境稳态;运用免疫学知识,对发生于 2020 年初的新冠疫情以及中国应对新冠疫情的各种举措进行分析说明,使学生形成正确的情感、态度与价值观,激发家国情怀和使命担当,增强社会责任感。

二、教学目标

(1)理解抗体和抗原的概念、体液免疫的免疫过程;了解免疫的概念、免疫系统的组成以及人体的前两道防线。

(2)通过对免疫系统组成的自主探究,知道免疫系统的结构;通过对抗体和抗原的材料分析,总结出抗体和抗原的概念;通过对体液免疫的初探究、再探究、模型建构,全面掌握体液免疫。

(3)通过新闻播报了解新冠疫情的现状和新冠疫苗研发、使用的现状,培养爱国情怀;通过学以致用,设计新冠疫苗的大致研发思路,培养科学思维和社会责任感。

三、教学重难点

(1)体液免疫和细胞免疫的过程。

(2)运用免疫学知识,理解中国的抗疫成就。

四、教学过程

(一)情境导入

情境:2020 年初,新冠疫情在我国武汉市暴发,严重影响了人们的生活、生产。在党中央的正确决策和领导下,全国各地迅速实行了严格的居家隔离,为新冠肺炎患者提供免费诊疗,动员康复者捐献血浆,集中攻坚诊疗药物及疫苗研发。在 4 月初成功地控制住了疫情。截至今日,我们绝大部分的人已经接种了疫苗,生产、生活基本恢复常态。然而,截至 2021 年 7 月 25 日,疫情仍在全球肆虐,美国等国家新冠肺炎新增感染人数仍居高不下,已导致约 421 万人死亡。通过对新冠疫情国内外应对措施和抗疫现状的对比,以下问题值得我们思考和讨论。

问:在实行居家隔离的同时,国家为什么还要对新冠肺炎患者实行免疫诊疗呢?为什么要动员康复者捐献血浆?接种疫苗对防治新冠肺炎有什么用?

【设计意图】结合当下的新冠疫情来激发学生的学习兴趣。

教师:刚才同学们对问题的看法是否正确呢?下面我们先学习相关的免疫知识,之后再作进一步的分析和讨论。

(二)体液免疫

教师:同学们,新冠肺炎解析出的病原体是新型冠状病毒,清华大学李赛实验室和浙江大学李文娟院士团队合作解析出世界上首个全病毒三维结构(如图 2-21 所示),位于新冠病毒的表面的凸起——刺突蛋白,就是新冠病毒的抗原。

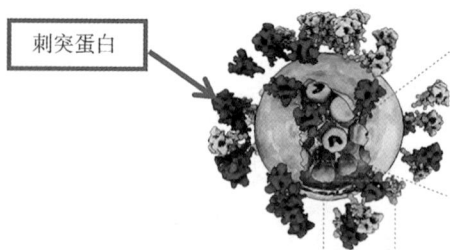

刺突蛋白

图 2-21　新型冠状病毒的结构模型

【设计意图】展示我国完成的新冠病毒全病毒三维结构,体现出我国在新冠病毒研究中的领先地位,弘扬科学家精神,增强学生的民族自豪感。

教师:当新冠病毒入侵机体时,会首先突破第一、二道防线,此时第三道防线会紧急动员起来。

问:第三道防线又称特异性免疫,特异性免疫将如何作战呢?

材料:武汉金银潭医院院长张定宇先生,因在抗击新冠肺炎疫情斗争中做出杰出贡献而被授予"人民英雄"的国家荣誉称号,他在疫情初期接受采访时呼吁新冠肺炎的痊愈者捐献血清,称这将为拯救新冠肺炎的危重患者提供有力的帮助。为什么新冠肺炎痊愈者的血清可以帮助危重症患者?

教师:请大家带着这个问题自学教材第 72－73 页,然后小组讨论以下问题。

(1)B 细胞是通过哪些途径接收到抗原的刺激?

(2)B 细胞接收到刺激后,做出了哪些反应?

(3)抗原最终是被谁消灭的?

【设计意图】材料中提到的"人民英雄"张定宇的事迹,令全班学生深受感动,英雄舍生忘死的抗疫精神增强了学生们作为社会主义接班人的社会责任感,激发了学生们科技报国的家国情怀和使命担当。

教师:通过刚才同学的回答,可以看出,特异性抗体在血浆,即体液中,与新冠病毒特异性结合后,进而被吞噬细胞吞噬消灭。这种主要靠抗体"作战"的方式称为体液免疫,是特异性免疫的作战方式之一。

活动 1:请同学们以小组为单位利用资料包构建出体液免疫的概念模型。资料包中含有概念模型所需要的所有细胞的贴纸(如图2-22 所示)、2 张 A4 纸。

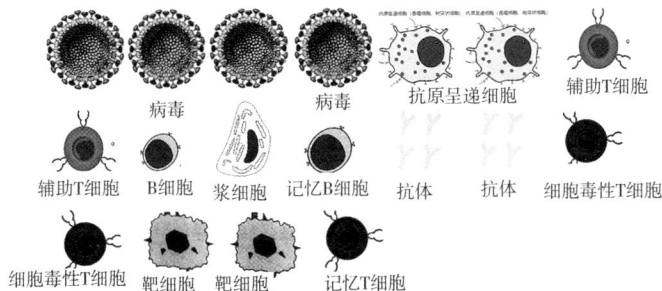

图 2-22　建立模型材料

【设计意图】小组展示、讲解,学生相互评价。

教师:展示 B 细胞、记忆 B 细胞、浆细胞的细胞图像(如图 2-23所示)。引导学生分析三种细胞结构的不同之处。

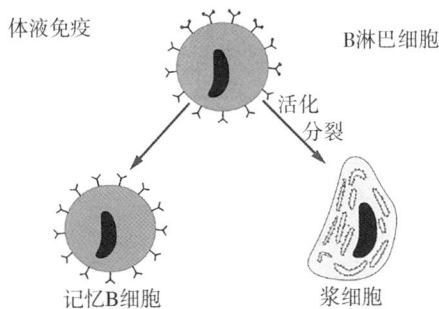

图 2-23　体液免疫的三种细胞结构

【设计意图】学生分析出三种细胞结构的两点不同之处,第一是浆细胞膜的表面没有识别抗原的糖蛋白;第二是浆细胞中核糖体、内质网等细胞结构数量明显多于其他两种细胞。

教师:这两点不同,分别说明了什么呢?

【设计意图】第一点不同,说明了浆细胞不能识别抗原的原因;第二点不同,说明了浆细胞的作用就是分泌抗体,而抗体是分泌蛋白,与分泌蛋白相关的细胞结构的数量就会增多,这体现出结构与功能相适应的生命观。

(三)细胞免疫

教师:当病毒在体液中时,抗体与之结合可将其消灭,但是当病毒侵入宿主细胞时,抗体因进入不了宿主细胞而无能为力,此时就需要特异性免疫的另外一种作战方式——细胞免疫来抗击。

问:细胞免疫又是如何清除宿主细胞中的病毒的呢?

教师:自学教材第 73-74 页,思考并回答以下问题。细胞毒性 T 细胞接受靶细胞表面抗原刺激后,会产生哪些反应? 细胞因子的作用是什么? 细胞因子由什么细胞分泌的? 靶细胞裂解后释放出的病原体,又是如何被消灭的?

【设计意图】培养学生的自学能力,带着问题阅读资料会更有效,也为构建细胞免疫的概念模型打下基础。

自学完毕,分享问题答案。

教师:补充细胞毒性 T 细胞的活化需要靶细胞和辅助性 T 细胞的共同作用。

活动 2:利用资料包中的学具,小组合作构建细胞免疫的概念模型。资料包中含有构建概念模型所需的所有细胞的贴纸、2 张 A4 纸(如上图 2-22 所示)。

【设计意图】通过概念模型的构建,既能够将抽象的知识具体化,也构建了知识框架,帮助学生掌握细胞免疫的过程。

小组展示、讲解,学生相互评价。

(四)再次免疫

教师:我们在接种疫苗时,有的疫苗需要接种 2 次,有的需要 3 次,这是怎么回事呢? 大家想想,在构建的体液免疫和细胞免疫的概念模型中,有两种细胞似乎没有起到免疫的作用,是哪两种细胞呢？它们在什么时候起免疫作用呢？

【设计意图】结合本节课所学的知识和生活常识来学以致用。

教师:介绍记忆 B 细胞和记忆 T 细胞的作用,引入二次免疫。介绍二次免疫的过程、曲线图(图 2-24)和二次免疫的特点。根据二次免疫的特点,即反应快、反应强烈,阐述疫苗需要接种 2 次或 3 次的原理,现在大家明白了吗？

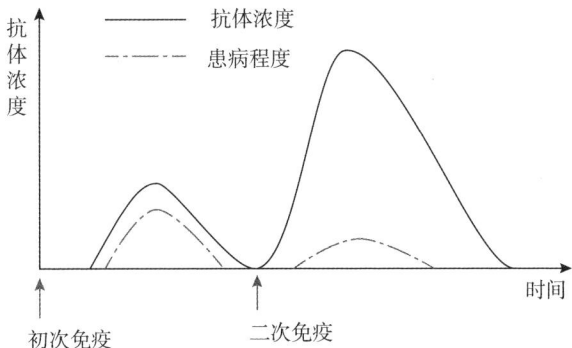

图 2-24　二次免疫抗体浓度

教师:展示出伴随大家成长的疫苗接种本,这是从大家呱呱落地开始几乎每隔一个月接种的疫苗清单。比如:常见的乙肝疫苗,有灭活的乙肝病毒制成的灭活乙肝疫苗和减毒的乙肝病毒制成的减毒乙肝疫苗。介绍减毒疫苗和灭活疫苗的优缺点。

【设计意图】将免疫学知识与实际生活相结合,让学生知道,伴随我们一生成长的免费计划疫苗,体现了国家对我们的关心和关爱,是国家责任的具体表现。

(五)总结提升

教师:结合特异性免疫,大家想想,我国在抗击新冠疫情中取得的巨大成功,与之相关的一些重大措施,大家都理解吗？

措施 1:我国在抗击新冠疫情中实行了免费诊疗和严格的居家隔离政策,对那些拒不执行者,根据《传染病防治法》严格惩处。这是为什么呢？

143

教师:是的。在抗疫中充分体现了中国人的团结和力量。在我们中国人身上,有其他任何民族都没有的、难以言喻的东西,那就是温良。温良不是温顺,更不是懦弱,温良是一种力量,是甘愿牺牲、无私奉献的集体主义精神。(引自《觉醒年代》中辜鸿铭先生给学生的授课,主题为"中国人的精神"。)

措施 2:全球组织力量攻坚新冠疫苗的研发。到目前为止,我国是疫苗种类最多(有灭活疫苗、mRNA 疫苗)、接种人数最多的国家,从根本上扼制住了潜在疫情的再次暴发。到目前为止,我国人民接种新冠疫苗已经近 15 亿剂次。中国是最快研制出新冠疫苗的国家,不仅面向所有中国人免费接种,还将疫苗支援给其他国家。

问:接种疫苗对防治新冠肺炎有什么作用? 我国有了灭活疫苗,为什么还要研究高技术的 mRNA 疫苗? 大家知道灭活疫苗与 mRNA 疫苗免疫的区别吗? 请先观看疫苗介绍微视频,然后回答。

教师:灭活的新冠疫苗失去了侵染宿主细胞的能力,故灭活疫苗只有体液免疫的过程;而 mRNA 新冠疫苗则可以在体内细胞中经过翻译表达,能同时激活细胞免疫和体液免疫,免疫效果更好。现在大家再想想,那我国为什么还要把新冠疫苗支援给其他国家呢?

【设计意图】结合本节课的免疫学知识,思考国家采取的抗疫措施,理解生物科技作为疫情防控的雄关铁壁,承载着全国人民的希望,增强了学生学习科学技术、进行科技创新的动力。党和国家以科学的方法,用事实说话,传播防疫知识,分析疫情态势,稳定公众情绪,坚定必胜信心,有效增强了全社会科学防控疫情的意识和能力,这一系列举措激发了学生们强烈的爱国情感以及民族自豪感,增强了学生科技报国的使命感。

(执教者:礼嘉中学于春月)

参考文献

［1］郗文忠.高中生物学课堂教学中幽默语言例谈［J］.生物学教学，2015,40(06):65－66.

［2］郑佳音."愉悦"教学助力地理高效课堂［J］.湖南教育(中),2013(05):56.

第九章
课堂氛围充满吸引力

互尊互爱，和谐高效

　　吸引力是指能够激发人们的兴趣和爱好，引导人们沿着一定方向前进的力量。充满吸引力的课堂，能集中学生的注意力，激发学生的求知欲，激活学生的思维力，唤醒学生的愉悦感，从而提高课堂教学效率。

　　课堂教学氛围的优劣直接制约和影响着师生关系、交流互动和教学效果。良好的课堂教学氛围能使学生对课堂产生归属感和认同感，促进他们的情感和能力、兴趣和爱好得到全面发展。

　　营造充满吸引力的课堂氛围，需要教师发挥个人的人格魅力，建立和谐的师生关系；创设丰富的教学情境，给予学生感官刺激；采用多元的评价手段，调动学生的参与热情；选择适宜的内容素材，满足学生的心理需求等等，最终实现环境与人的和谐统一，进而提升学生的学习质量。

147

经典语录

在压抑的思想环境下，禁锢的课堂氛围中是不可能产生创造性思维火花的。

——约翰·密尔

我们要努力使学习充满无拘无束的气象，使学生和教师在课堂上都能够自由地呼吸。如果不能造成这样的教学气氛，那么任何一种教学方法都不可能发挥作用。

——赞可夫

没有一条寓有诗意的、感情的和审美的清泉，就不可能有学生的智力发展。

——苏霍姆林斯基

教师的责任就在于运用各种方法、手段让学生置身于一个可以活跃心灵以及充满智慧与人类经验的环境中。

——泰勒

情感为纽带是贯穿在整个教学过程中的，师生的情感随着课文情感的起伏而推进、延续。课堂教学因为有了情感纽带的牵动、维系，变得更富诱惑力。

——李吉林

第一节　课堂氛围充满生机活力

当前学者们普遍认为课堂氛围是在教学活动的背景下，师生通过教学活动产生的一种情感状态，或者是心理气氛。不同的课堂氛围，或轻松愉悦，或压抑沉闷，或群情激昂，或消沉紧张，都制约着学生和教师的情绪，并对学习的动机、态度、效果产生影响，进而影响到教学效果。霍利认为，良好的课堂教学氛围"就是一种能够激发学生创造性思维的温暖而安全的班级气氛"。积极的课堂氛围是环境与人的和谐统一。

一、课堂氛围的意蕴

(一)课堂氛围的解读

国外对课堂教学氛围的研究最早起源于 20 世纪 30 年代勒温场理论研究。勒温创造性地将物理学研究中"场"的概念借鉴运用到了心理学研究领域，认为一个人的行为是与个体和环境两个变量相关的函数。1973 年穆斯在斯坦福大学开展了"人类组织环境"的研究。穆斯的研究认为，人类的社会组织环境一般具有三个维度：关系维度、个人发展维度、环境的维持和变革维度。穆斯的三维度说成为课堂环境研究领域的基础理论。20 世纪 90 年代后，伴随着建构主义学习理论的发展，研究者们更加重视情境、协作、对话和意义建构四大要素在课堂中的作用和地位。有研究者归纳出影响课堂教学氛围营造的因素，包括个人魅力、师生关系、情境创设、课堂评价、素材呈现和学生参与等。课堂教学氛围是在教学过程中产生、发展起来的，它是我们教学活动顺利进行的心理基础，也是进行创造性教学的必要条件。和谐的课堂氛围强调内容与形式的适宜性、师生互动的自然性、情感体验的真实性。心理安全、状态积极、合乎内容、效果明显，应是和谐课堂氛围的基本特征。[1]

149

（二）课堂氛围的分类

1.组织形式氛围

组织形式氛围是由教师个人的特点、特长、兴趣、爱好、修养、个性等形成的教师在教学过程中一贯的教学风格。如有的教师专业知识扎实、学问广博、钻研有深度、分析透彻，往往形成一种学术氛围；有的教师个性幽默、语言表达生动有趣，常常形成一种乐观、轻松的氛围；有的教师宽宏大度、平易近人，常形成一种宽容、温馨的氛围；有的教师语言尖刻、过于严厉，常造成一种压抑、沉闷的氛围；等等。[2]

2.内容文化氛围

内容文化氛围是指教师根据不同教学内容选择性地创设与之相适应的氛围。课堂氛围的营造应与内容情感基调相和谐。很多教学内容都有其感情基调，它们或激昂高亢，催人奋进；或深沉悲壮，引人深思；或轻松愉快，逗人发笑。教师应根据教学内容的不同，引导学生的思想情绪与教学内容相协调，从而形成一个适合学生理解、掌握的课堂氛围。

3.师生互动氛围

师生互动氛围是指师生之间发生的一切交互活动对学生心理和行为所产生的影响和作用。这里的交互活动既包括言语交互，也包括行为交互。教学中，教师要根据教学内容合理组织丰富的师生交互活动，通过包容型对话、批判型对话、辩论型对话等多元对话模式，和知识竞赛、辩论赛、游戏PK、实验操作、小组讨论等活动形式，吸引学生多种感官参与到课堂中来，通过建立民主、积极、和谐、高效的师生互动氛围，提高学生的课堂参与度，提升课堂的教学效果。

二、课堂氛围充满吸引力的策略

在《吸引力法则：神奇的个人磁场效应》一书中，威廉·沃克·

阿克金森将吸引力做了一个比喻:"一块强大的磁石会放射出波,并施加足够的力量来吸引一块一百磅重的钢铁到它自身。"在课堂教学中,充满吸引力的课堂氛围就是那块强大的磁石,学生就是一块块一百磅重的钢铁,它吸引着学生的积极性得到充分发挥,学生的创造性得到充分发掘,从而让学生在轻松愉快的教学课堂中学到知识。

(一)设计独特的引入活动,增强学生好奇心

课堂引入是一堂课的初始环节。趣味十足、认知冲突强烈的导入能够使学生立即集中注意力,带着强烈的好奇心和求知欲进入新内容的学习,从而激发学生学习的兴趣,提高学生学习的积极性,对于提高课堂教学效果起着事半功倍的作用。

例如,高中法治课《擦亮眼睛防诈骗　保护信息记心间》的教学片段:

教师:同学们,高考后的你将成长为十八岁,一定有很多想完成的事情,请问你们想做些什么有意义的事情呢?

学生:实现网吧自由,手机自由,旅游……

教师:我们关于十八岁的畅想都很美好,也可以去实现。但今天同样也有一位十八岁的女孩,她和你们一样,寒窗苦读,可是在高考后却迎来了生命的终点。我们一起来看看在她身上发生了些什么?

高中政治与法治课堂给人生硬死板的固有印象,让大部分中学生产生排斥感。本堂课的引入让学生从兴奋激动的 18 岁畅想转向对徐玉玉 18 岁生命终结的悲伤和遗憾中,巨大的转折让学生迫切地想知道在徐玉玉身上到底发生了什么样的事情,进而带着好奇心与问题认真地观看课堂的视频素材,主动去寻找答案,并引出了本堂课的主题,充分发挥了引入的吸引力作用。

例如,高中英语"Traveling a Place"的教学片段:

Show a video about my travel around the world especial in UK and then show some pictures from the video. Ask some questions:

T:Hi guys, I am a local guide, today I'll help you have a one-day tour in UK. Will you go?

S:Yes, wonderful!

T:Now let's go! The United Kingdom is located in Western Europe. The United Kingdom is a big island surrounded by the North Atlantic Ocean and the North Sea. The first attraction is England, then show.

"Traveling a Place"这节课用情境引入法,Role play(老师扮演导游)的形式更容易将学生吸引到课堂中来,成为课堂的主人,迅速激发学生的学习兴趣和积极性,提高学生的参与度,使英语课堂生机勃勃,充满吸引力。

(二)提升教师的个人魅力,增强学生亲近感

乌申斯基曾说,教师所表现出的示范形象,对青年人成长的心灵来说,是无可取代的最有价值的一缕阳光。对学生而言,教师的个人魅力是一种无法替代的力量,是任何说教、任何教科书、任何道德箴言、任何惩罚和奖励制度都无法比拟的。尊其师,进而重其道。教师的言行举止无不引导着学生,影响着学生的内心世界。面对呆板、传统的教师时,学生和教师间会存在强烈的距离感,而面对魅力型教师时,学生会主动亲近、交流,产生尊敬感和敬佩感,并在教师强大的感召下自由、快乐、全面地发展。

教师的魅力主要凸显的是教师的人格、德行、能力和学识。美国著名教育家保罗·韦地曾经概括出一个好教师的人格魅力的 12 个方面:①友善的态度;②尊重课堂内每一个人;③耐性;④兴趣广泛;⑤良好的仪表;⑥公正;⑦幽默感;⑧良好的品性;⑨对个人的关注;⑩坦率;⑪宽容;⑫有方法。[3]

首先,教师要有亲切的微笑。不管在课下是一种什么生活状态,当走进教室的时候,必须让自己是一个充满微笑的教书先生。

因为,你的微笑可以让学生处于放松和快乐的学习状态,你的微笑还能拉近和学生之间的距离,建立起和谐的师生关系。

其次,教师要有广博的知识。教师不仅要拥有扎实的专业基础理论知识,还要拥有丰富的科学文化知识。通过知识上的"优势"感染学生,让学生产生崇拜感和信任感。

再次,教师要有高尚的品质。教师的刚正不阿、公平正直、热情善良、乐于助人等良好品质,既可以给学生起到榜样示范作用,又能让学生对教师充满尊敬,被教师的人格魅力吸引。

最后,教师要有充沛的激情。课堂的激情体现在教师的言语之中。一堂课,如果教师整堂课都是一个音调,学生就很容易困乏、走神。激情澎湃的语言、语调,彰显着教师的教学热情,并能激发学生的学习热情,激起学生学习的积极性,让学生爱学、好学。

(三)优化课堂的交互氛围,增强学生参与度

有学者认为:"只要将各学科课堂教学的核心要素和重要意义经营好,充分展示出学科知识的真实意义,必然可以让学生体会到教育的真实价值。"生命力课堂要求教师尊重学生的个性差异,充分信任学生,给予学生相应的自由。在教学活动中,教师结合生活实践和学生的独特需要,组织科学有效的学生活动,通过平等的互动提升学生的课堂参与意识以及自主学习能力,进而充分调动学生学习的积极性、主动性和创造性,不断激发和提升学生学习潜力,实现学生全面发展。

1.创设生活情境,拉近"感知"距离

随着新课程改革的不断深入,生活化的教学理念以及情境式的教学方法越来越受到广泛的关注。教学情境是开展情境教学方法的重要载体,也是达成预期教学效果的重要影响要素。生活化的教学情境不仅能够让抽象的知识具象化,降低学生的认知难度,加深学生对课堂学习内容的理解和记忆,还能激发学生的学习积极性,营造一种轻松的学习氛围,提升学生的学习愉悦力,从而提高课堂

教学效率。比如,在初中数学《平面直角坐标系》这一课中,教师可以从学生感兴趣的热点问题入手,让学生对数学专业术语有一定的了解,如全球定位系统、导弹发射系统,进而介绍平面直角坐标系在不同领域中的应用,帮助学生对坐标系形成全面的认识。这种结合电视剧场面的生活化话题可以更好地调动学生的学习兴趣,同时引导学生以科学的视角看待身边发生的场景,让数学成为生活的一部分。

例如,高中法治课《擦亮眼睛防诈骗 保护信息记心间》的教学片段:

教师:个人信息泄露无处不在。它所产生的损失与危害总是悄然出现,昨天老师打开手机查询自己常去的青岛的机票价格,再用其他老师的手机查询,发现同一航班两个手机所显示的价格却相差了170余元。这是平台利用了什么手段进行调价呢?

学生:大数据杀熟。

教师:这就是在《中华人民共和国个人信息保护法》当中所规定的"利用个人信息进行自动化决策,应当保证决策的透明度和结果公平、公正,不得对个人在交易价格等交易条件上实行不合理的差别待遇"。

生硬的法律知识会让学生感受不到其对生活的实际影响。当运用教师或学生的真实情境导入相关知识时,才能让学生真切感受到法律所保护的真实权益,产生师生之间的情感共鸣,从而增强课堂的吸引力。

又如,高中化学《混合物的分离与提纯方法》的教学片段:

教师:同学们,如果我们向盛等量水的两个烧杯中分别加入等量的白酒和食用油,会有什么现象呢?请同学上台现场操作。

(学生举手上台操作,其余学生一同观察实验现象。)

教师:请同学们描述实验现象并解释其原因。

学生1:加入白酒的烧杯无明显现象,因为白酒溶于水(或与水互溶）；加入食用油的烧杯油浮在水面上，因为油不溶于水且密度比水小。

教师：油浮在水的上层，这种现象在我们化学语言中称为"分层"。那么如何分离油水混合物？

学生2：直接倾倒。

学生3：用吸油纸吸取。

（交流讨论，但发现都不能完全将油和水分开。）

教师：在化学实验中也有直接倾倒的方式，称为"倾倒法"；在化学实验中还可以用胶头滴管来代替吸取油层。化学实验的方法来自生活实践，毕竟科学家也是"食人间烟火"的人嘛。那么"倾倒法"和胶头滴管"吸取法"的共同点是什么？

学生4：都是提取出油，即上层物质。

教师：那可不可以逆向思考，如果我们先分出下层的水呢？

学生5：在烧杯底部打个孔，有这样的仪器吗？

教师：这位同学真是太厉害了！我们化学中真有这样的仪器——分液漏斗。接下来，我们就用分液漏斗将油水混合物中的水和油分开。

《混合物的分离与提纯方法》这节课开始时学生对分层、分液的概念是陌生、抽象的，对分液的实验操作是被动接受的。教学中，教师将生活实践和学生的独特需要结合起来，从学生感兴趣的生活经验入手，将课堂拉回到学生所熟悉的生活情境中，将抽象、陌生的知识生活化、具体化、可视化，让学生在真实情境中感受，在感受中理解，在理解中升华，为"我"所用。

2.创设问题情境，拉近"思维"距离

问题情境是指在一定的情境中，教师依据教学内容向学生呈现需要解决的矛盾和困难，通过激发学生问题意识，引起外部问题和内部知识经验的冲突，激发学生最强烈的思考动机和最佳思维定向的一种情境。有效的问题能够激发学生的思维活力，促进学生积极

思考、分析和质疑,并养成批判性、创造性的思维意识。教学中,教师要遵循互动性、科学性、启发性、开放性的原则,创设辩论性、启发性和开放性的问题情境,改善学生的思维方式,提升学生的思维水平,进而实现学习目标的达成。

例如,在进行初中英语阅读课"Sad but Beautiful"的教学时,通过 question driving 来促进学生的思维能力的发展。问题追问一:Why did he live such a hard life? 引导学生进行发散性思维,培养推理、判断、归纳等逻辑思维能力。问题追问二:What made Abing popular? How many pieces of music could he play? How many of them were recorded? What should we do now? 点明主题这就是我们节目 Everlasting Classics 的主旨,希望经典作品能够被记录、被传承,不能让阿炳的遗憾再发生。问题追问三:How popular is his music? 引导学生挖掘和整理文本信息。问题追问四:Do you think it's beautiful? Why? 通过对文章标题"Sad but Beautiful"的深刻理解和对题目的新想法,努力拓展学生思维的广度和深度。在小组讨论环节中鼓励学生进行多层次和多角度的思考,重视对学生审辨性思维品格的培养。

以问题情境作为载体连接教学内容和学生核心素养的培育,是当前高中思政课教学的重要之策。本节课通过不同层级的情境问题设计,让学生在问题情境中思考探究,收获知识,锻炼思维能力。

3.创设活动情境,拉近"体验"距离

生命力课堂要求教师依据针对性、操作性和实效性的原则,创设多样的课堂活动,让学生尽量多地参与到课堂中来,成为知识探究的主人。比如,开展对话、短剧、角色表演、演讲、小组讨论、小组竞赛等活动。活动的形式可以是学生个人,也可以是小组合作。个人活动锻炼学生的自身学习能力,小组活动培养学生的小组合作学习能力。小组活动与个人活动有机结合,更能让课堂保鲜,增强课堂吸引力。

例如,高中英语"Traveling a Place"的教学片段:

Writing: Write an introduction about Chongqing. Four students work in a group.

(1)Student A: General view;

(2)Student B: Basic information (Scenery and Location...);

(3)Student C: Interesting places;

(4)Student D: Other topics, e. g. food, landscape...

(注意:(1)总共 100 词左右;(2)尽量使用本节课学过的高级词汇和句型。)

参考词汇和短语:

attractive, gorgeous, fortunate, district, nuisance, architecture, high-rise, buildings, shopping malls, one of the most..., be located in, so... that..., be famous for, surrounded by and so on.

该片段呈现小组活动与个人活动的有机结合。四个学生先分工独自完成自己的任务,然后小组讨论,最后形成一篇文章,上台展示。这不仅锻炼学生的自身学习能力,还培养学生的小组合作学习能力,增强学生自信,增添课堂吸引力。

(四)构建适宜的文化氛围,增强学生代入感

不同的教学内容具有不同的主题情感。所谓主题情感,是指教材内容或素材中最具特征并处于优越地位的情感。例如情绪、情趣这类话题,其主题情感具有诙谐、活泼、轻松的特征,法律、生命、责任这类话题,其主题情感则具有严肃、沉重的特征。[4]一节成功的课,应是课堂氛围与教学内容的主题情感保持高度和谐统一的课。教学中,教师需要认真细致地钻研教材内容,准确把握内容背后的思想主旨和情感主题,选择合宜的案例与教法,积极创设与内容主题情感相一致的课堂氛围,实现课堂氛围与主题情感的和谐统一。

比如,于漪老师在执教《周总理,你在哪里?》时,通过语言创设情境,使全班学生沉浸在对周恩来总理的无限哀思之中;她在执教

157

《孔乙己》时,因为对文本的解读深刻,引导得当,课堂上并没有随着文中"顾客""伙计"对孔乙己的取笑而充满欢声笑语,学生体会到了鲁迅对孔乙己"哀其不幸,怒其不争"的态度,对孔乙己这个苦人儿同情得泪水直往肚里流。[5]又如,高中英语"First Aid"教学时,如果我们没有深刻领悟在生命救援的危急关头,迟缓几秒钟就会造成鲜活生命永远消逝,没有紧张、焦急、悲痛之情,就很难在情景表演里产生严肃的生命敬畏,也难形成对掌握救援知识及救援流程的紧迫与自觉。

例如,青春语文的倡导者、全国著名特级语文教师王君老师在课堂上,讲到动情处,她的声音可以柔得似水;讲到激昂时,她的动作可以夸张到征服宇宙。她在课堂上,眼里随时都有学生。下面是王君老师《岳阳楼记》的课堂实录片段:

王君老师:孩子们,刚才是我们个人和小组朗读智慧和才艺的展示,现在,让我们用集体的力量来共同展示《岳阳楼记》的美。

《赤壁怀古》的音乐响起,深沉的钝响撼动着教室的空间,冲击心扉。

第一位学生是浑厚的男中音,第二位学生是嘹亮的男高音。一个活泼,一个稳重,于是他们对文本的处理便有了独特的风格。朗诵的形式是相同的,但不同的个性演绎出来的效果却不同。整整两遍的表演领诵,直诵得整个教室波澜起伏,直诵得每个孩子双颊泛红,豪情冲天,欲罢不能。

但这还不是整堂课的最高潮。

当学生领诵的第二遍"吾谁与归"还余音绕梁的时候,王君老师满怀激情地说:"千百年来,无数的仁人志士深情地回应着范仲淹'吾谁与归'的呼唤,为中华的历史写下了壮丽的篇章,来,让我们听听历史的回音!"

最后的朗诵环节,是在二十句和"先天下之忧而忧,后天下之乐而乐"主题相似的名句朗诵中结束的。王君老师领诵,学生们齐诵。

从孟子的"乐以天下，忧以天下"到文天祥的"人生自古谁无死，留取丹心照汗青"，从谭嗣同的"我自横刀向天笑，去留肝胆两昆仑"到鲁迅的"寄意寒星荃不察，我以我血荐轩辕"，整个教室感动成山，激昂成河。

第二十句，最后一句了。

王君老师高声领诵："毛泽东说！"

孩子们情在弦上，蓄势而发："为有牺牲多壮志，敢教日月换新天！"

"天"字落地，王君老师没有给孩子们休息的机会，而是紧接着高声诵到：

"我们说！"

孩子们愣了片刻，因为这是朗诵材料上没有的。

音乐依旧钝响，一弦一柱真真切切。

王君老师一字一顿："孩子们，认真想想吧……"

每一双眼睛中都像要喷火，每一个孩子的表情都无比庄重。

《赤壁怀古》依旧回响，一如黄钟大吕。

这时，下课铃声响起……

王君老师这堂朗读课的处理，淋漓尽致地展示了教师的言行举止对学生的影响力。老师的目光、手势、话语、情感都能起到潜移默化的教育作用。什么样的老师，就会带出什么样的学生，这就是老师独特的魅力！

教育的本质是"一棵树摇动另一棵树，一朵云推动另一朵云，一个灵魂唤醒另一个灵魂"。在教学中，我们需要用深沉的情怀、饱满的情绪、鼓舞的语言，以及身体的每一部分去唤醒学生，去感染学生，去拉近师生之间的心理距离，互相走进对方精神、情感和整个心灵世界，在情感交融的氛围里，使教学能听之顺耳，理之达心，知之入脑，从而达到理想的教学境地。

第二节　典型案例

初中地理《根据地图和其他资料说出某国家种族和人口(或民族、宗教、语言)等人文地理要素的特点——以巴西为例》

一、课标分析

1.本条课标落脚在特点,承载本课的区域是某国家,选择国家的时候要选择学生有所耳闻但又不是特别了解,且人文地理要素独具特色的国家。

2.课标使用的动词是"说出",应该是根据教师提供的地图和资料让学生来说出。所以在教学的过程中,应特别注意读图方法和资料分析方法的指导。

3.课标希望通过所选案例的分析,培养学生掌握分析某国家人文地理要素特点的方法,学生可以用这种方法,课后去分析任何一个国家。

二、教材解读

所选区域——巴西,是拉丁美洲面积最大、人口最多的国家。巴西是世界种族融合的典范,语言和宗教深受殖民影响,极具代表性。七下地理教材对巴西人口和种族特点只有简短介绍。教学设计时,教师要查阅大量权威资料,进行筛选后,以地图、图片、视频、文字、表格等形式展现出来,引导学生通过读图和资料的分析,说出这些特点。

三、学情分析

本课程授课对象为七年级学生,他们思维活跃、好奇心强,已经具备初步的地理思维,但读图能力、从资料中获取信息的能力不足,需要教师在教学中注意方法的引导。关于巴西,学生一般能联想到狂欢节、桑巴舞和足球。但是对于巴西的人口、种族等特点及形成原因不是很了解。需将这些零碎的知识整合起来,用学生感兴趣的方式加以呈现。

四、教学目标

(1)阅读相关统计图描述巴西的人口数量、增长和城市化率特点,树立可持续发展的人口观。

(2)阅读巴西人口分布图,描述巴西的人口分布特点,并通过地图和文字材料简要分析影响巴西人口分布的原因,培养分析问题的科学思维方法。

(3)根据图表、图片和视频资料说出巴西的种族和民族特点。

(4)根据相关资料说出巴西的语言和宗教特点,通过向巴西朋友学说葡萄牙语培养全球视野。

(5)通过对巴西国情相关知识的学习掌握分析某国家人文地理要素特点的方法。

(6)树立不同种族和民族一律平等,应相互包容、相互尊重、和谐共处的价值观。

五、教学重难点

(1)教学重点:巴西的人口和种族特点。
(2)教学难点:巴西人口分布特点和种族特点的形成原因。

六、教学过程

(一)新课导入

展示:视频"巴西的人文风情"。

提问:视频中呈现的是哪个国家的人文风情?你认识图片中这位巴西足球队现任队长吗?他是什么人种?讲什么语言?信仰什

么宗教？

过渡：今天让我们根据地图和资料，去看看巴西的人口、种族、民族、宗教、语言等人文地理要素的特点。

【设计意图】感受巴西人文风情，由学生猜测巴西球星内马尔的种族、语言、宗教信仰，激发探究兴趣，导入新课，明确学习目标。

(二)学习新课

1.人口特点

(1)数量特点。

展示：世界人口数量居前 9 位的国家人口柱状统计图。

提问：巴西的人口数量有何特点？巴西人口如何增长到2.1亿？

展示：巴西人口自然增长率和人口数量变化趋势统计图。

【设计意图】从全球角度感知巴西人口数量，通过不同国家人口数量对比了解巴西人口数量特点。

过渡：这些人口都分布在哪里？了解一个国家人口分布状况，需要什么资料？

(2)分布特点。

展示：巴西人口分布图(指导学生读图名和图例)。

追问：什么是人口密度？你知道它的计算方法吗？

讲解：人口密度概念，它是衡量人口分布的主要指标。

(学生计算巴西人口密度。)

展示：巴西的人口密度与部分国家对比。

讲解：人口密度只是一个平均数，它与人口的实际分布状况往往是有差异的。

(指导学生再读图例，不同颜色表示的人口密度不同，总体来看分布不均匀。)

互动：学生上台用方位词指图描述巴西人口的分布特点。

展示：西北稀疏区和东南稠密区图片及数据对比。

提问：为何巴西的人口分布会呈现这样的特点？人口分布会受

哪些因素的影响? 如果同学们要分析其中的原因,需要什么资料?

学生活动:小组合作探究影响巴西人口分布的原因。

在抽屉的资料袋里,教师提供 3 幅地图,分别是巴西地形图、气候图、人口分布图。学生以 6 人为一小组,合作探究影响巴西人口分布的原因,时间 3 分钟。每个小组确定一位主要发言人。

环节一:根据《巴西地形图》分析地形对人口分布的影响。先说出稀疏区和稠密区的主要地形。从地形角度发现:亚马孙平原人口稀疏,巴西高原人口稠密。

提问:在世界绝大部分地区,平原和高原相比,哪里人口更稠密? 为何在巴西,高原反而更稠密?

【设计意图】引导学生分析巴西的纬度位置。找出穿过巴西的两条特殊纬线:赤道和南回归线。分析得出巴西大部分位于热带,气候终年炎热。海拔越高气温越低,巴西高原地势较高,气候相对凉爽。

环节二:根据《巴西气候图》分析气候对人口分布的影响。从气候角度发现:热带雨林气候区人口稀疏。

提问:气候原因是如何影响人口分布的?

展示:热带雨林气候的气温和湿度与人体最适宜的气温和湿度对比。

承转:还有其他原因会影响巴西的人口分布吗?

环节三:交通因素分析(图文材料)、经济因素分析(文字材料)。

【设计意图】引导学生从人口密度的角度,理解人口分布图,可培养学生读图能力和对地理事物分布状况的描述能力。通过疏密区对比照片,引发学生思考其分布不均的原因。小组合作探究:调动学生参与积极性,促进思想碰撞,培养学生表达、倾听、尊重他人的习惯。结合自然和社会经济因素综合分析,培养学生综合思维、全面看待问题的能力。

过渡:影响巴西人口分布的原因还有很多。巴西东南部正是具备了优越的自然环境、便利的交通、发达的经济条件,吸引了大量人口到此定居,形成了许多著名城市。

(3)城市化率水平。

展示:主要城市及人口数据。

提问:有多少巴西人生活在城市呢?

展示:2021年部分国家城市化率统计图对比(学生读图,总结巴西城市化率高。巴西是发展中国家,但城市化水平却高于美国、德国等发达国家,这与其经济发展水平是不相适应的,是一种畸形的城市化。)

【设计意图】培养学生读图、析图、对比分析的能力。

过渡:如此众多的人口是由哪些种族构成的?

2.种族特点

展示:学生回忆种族概念。种族即人种,是依据体质特征划分的人群。世界主要有三大人种。

讲解:让我们通过活动认识来自巴西的中学生卞卡。看看她家的种族构成有何特点。

活动:角色扮演,五位同学扮演卞卡及家人,分别介绍自己与卞卡的关系和种族。(祖父,黑种人;祖母,白种人;爸爸,黑白混血;妈妈,印第安人。)

提问:卞卡的妈妈是什么人种? 卞卡呢? 她的家庭和你们的家庭有什么不同?

承转:其实卞卡一家只是巴西万千家庭的一个缩影,从巴西名人们的肤色也可以得到印证。

展示:巴西名人照片墙(名人们肤色多样,深浅不一,说明种族复杂)。

承转:巴西种族复杂,央视记者白岩松可是"深有体会"。

展示:视频"央视'新闻1+1'白岩松报道"。

承转:在巴西不同种族比例各自占多少呢?

展示:巴西种族构成统计图。

提问:巴西的种族构成有何特点?哪一个特点是巴西显著区别于一般国家的?

承转:不同种族的人是如何到达巴西的?

展示:视频"中国社科院拉美研究员讲述巴西种族来源历史"。

追问:最早生活在巴西的土著居民是?最早到达的白种人是?黑种人呢?

【设计意图】通过角色扮演活动,让学生从中学生的视角感受巴西种族构成之复杂,再以小见大,到整个巴西的种族构成。使用新闻材料数据更真实,培养学生对不同类型统计图的读图能力。了解巴西种族历史,理解巴西种族复杂的原因,谴责殖民者的行为,树立平等的种族观,并为巴西语言和宗教的学习做铺垫。

过渡:由于巴西种族来源复杂,其民族构成也是多样的。

3.民族特点

讲解:民族的概念,指拥有共同的语言、地域、历史或风俗习惯的人群。

展示:巴西移民来源图。

讲述:据官方统计,仅19世纪巴西就接纳了来自70多个国家的移民。他们到达巴西后,形成了不同的民族。

提问:所以巴西又是一个什么样的国家?

展示:巴西印第安土著居民的生活。

【设计意图】通过移民图和文字等材料分析巴西人的语言特点,培养学生从资料中提取信息的能力。欣赏不同地理环境下的民族风情。

过渡:巴西土著印第安人讲274种不同的语言,加上各国移民带来的语言,巴西语言种类也是很丰富的,但今天通用的语言却只有一种。大家觉得最有可能是哪种语言?

4.语言特点

展示:巴西葡萄牙语使用人数,巴西国旗上的葡语元素(巴西的国旗上用葡萄牙语书写着"秩序与进步")。

提问:大家会说葡萄牙语吗?

活动:视频"重庆的巴西留学生教同学们说葡萄牙语"

讲解:刚才大家学的不是最正宗的葡萄牙语,是融合了印第安人和黑人土语词汇的巴西葡萄牙语,简称"巴葡",它与正宗的葡萄牙语是有些区别的。

【设计意图】创设情境,学生跟着巴西朋友在课堂上学说葡萄牙语,激发学习兴趣。

过渡:巴西不只是语言深受殖民影响,它的宗教也打上了深深的殖民烙印。

5.宗教特点

提问:三大宗教及基督教的三大派别?

展示:天主教信徒人数排名前 6 位的国家数据。

提问:巴西人主要信仰什么宗教?

展示:老师实地拍摄的渝中区若瑟堂(重庆最早、最大的天主教堂)照片和宗教仪式场景;巴西里约热内卢可容纳 2 万人的天梯大教堂。

【设计意图】了解不同的宗教文化,学习生活中的地理。

(三)总结提升

展示:足球、桑巴舞、狂欢节等场景。

总结:在巴西,不同种族、不同肤色的人生活在一起,组成了一幅绚丽多彩的画卷,在 500 多年的历史中,经过不断融合与发展,共同构成了今天和谐、包容、开放的巴西,并形成了独具特色的多元文化,这些文化是巴西递给世界的名片,也是世界认识巴西的窗口。

【设计意图】树立不同种族和民族应相互包容、相互尊重、和谐共处的价值观。

提炼:(结合板书)同学们,这节课我们主要利用了哪些地图和资料? 说出了巴西人文地理要素哪些特点? 这是地理学习的重要方法。今后同学们分析其他国家人文地理要素的特点时,也要运用好地图和资料,提高自己的读图、析图和资料分析能力。用地理的眼光发现和认识世界,用地理的思维思考问题产生的原因。

迁移:在全球 200 多个国家和地区中,每一个国家和地区的人文地理都独具特色。课后,请同学们从日本、美国、印度、俄罗斯等国家中选择一个,利用今天所学的方法去分析其人口、种族等人文地理要素特点。

【设计意图】回归课标,帮助学生提炼地理学习方法,并逐步培养学生的地理眼光和地理思维。让学生选择一个国家课后进行分析,培养学生迁移运用新知识的能力。

(执教者:礼嘉中学谭玉玲)

参考文献

[1] [2]程佳.和谐课堂氛围的营造[J].教育探索,2008(8):5—6.

[3] 徐国胜.教师的人格魅力:观《师德启示录》联想[N].中国教育报,2003—10—14(8).

[4] 陈桂玲.浅议课堂氛围与教材主题情感的和谐[J].思想政治课教学,2008(5):44—46.

[5] 陈成龙,刘飞.此处不该有掌声——课堂氛围的营造应与文本情感基调相和谐[J].语文建设,2017(2):11 12.

第十章
现代技术发挥支持力

技术赋"活"课堂，助力全面成长

"互联网＋"、大数据、新一代人工智能等现代化信息技术的应用，给传统课堂教学带来巨大冲击，课堂教学模式随之发生变革。现代教育技术指运用现代教育理论和现代信息技术，通过对教与学的过程和教学资源的设计、开发、利用、评价和管理，以实现教学优化的理论和实践。

常规课堂教学中能够选择的教学结构、可采取的教学方法和所能够使用的教具等，是相对固定和受限的，很难构建出有利于知识理解、问题探究、教学评价与调控、个性化讲解与指导等所需要的教学支撑环境，生命力课堂强调发挥现代技术的支持力，突破课堂教学的时空限制，变抽象为具体，变静态为动态，变模糊为精准，从而实现知识深度理解和问题深入探究，助力信息技术与教育教学的深度融合，提升师生信息素养，提高课堂教学质量。

169

经典语录

教育要面向现代化，面向世界，面向未来。

——邓小平

PhET 仿真程序可以模糊讲课、作业、课堂活动、实验之间的界限。其原因在于一个仿真程序可以通过类似途径应用于以上所有的教学活动中……同时仿真程序在教师和学生之间提供了一个同等的形象化，这种形象化可以促进交流与教学。

——卡尔·威曼

事实上，新技术就等于新观念。

——约翰·布罗克曼

未来课堂是学生生命成长的精神家园，是突破时空的立体学习场，是信息技术助力教育教学的实践场域，是各学习要素高度互动的活动社区。

——《中国未来学校 2.0 概念框架》

信息技术对教育发展有革命性影响。

——《国家中长期教育改革和发展规划纲要（2010—2020 年）》

让学生体验到一种自己在亲身参与掌握知识的情感，乃是唤醒少年特有的对知识的兴趣的重要条件。

——苏霍姆林斯基

一切知识都是从感官开始的。

——夸美纽斯

第一节　现代技术助力情境交互

2018 年教育部《教育信息化 2.0 行动计划》提出："必须聚焦新时代对人才培养的新需求，强化以能力为先的人才培养理念，将教育信息化作为教育系统性变革的内生变量，支撑引领教育现代化发展，推动教育理念更新、模式变革、体系重构，使我国教育信息化发展水平走在世界前列。"生命力课堂聚焦新时代对人才培养的新需求，顺应智能环境下的教育发展趋势，注重提升师生的信息素养，着重将信息技术与学科教学进行融合，着力培养学生的学习兴趣和思维能力，全面促进学生核心素养的形成。

一、现代技术的意蕴

(一)现代技术的解读

现代教育技术指运用现代教育理论和现代信息技术，通过对教与学的过程和教学资源的设计、开发、利用、评价和管理，实现教学优化的理论和实践。本文所指的现代技术指现代信息技术，如多媒体、交互式电子设备、智能移动终端、人工智能、大数据、"互联网＋"和 AR/VR 等技术。20 世纪 90 年代以来，以多媒体计算机和网络通信为代表的现代信息技术，以一股势不可挡的力量系而全面地引导着人类的思维方式和学习模式的变革。多媒体教室、PAD 智慧教室、数字纸笔教室和学科智能教室等各种智慧教学环境相继出现，在微课、慕课、网络学习空间、双师课堂、精准教学等技术支持下，新的学习模式也应运而生，信息技术在教育资源获取、教师教学模式、学生学习方式以及教育教学规律等方面都具有巨大的促进作用。

钟绍春教授在充分考虑人工智能等技术支持课堂教学的多种可能方式的基础上，从基于教学工具和资源的知识学习与问题探究、基于微课和云课的人网融合课堂翻转教学、基于大数据的精准教学与精准学习等方面,分类、分层次提出了课堂教学新模式的构建途径与方法,同时提出了技术赋能课堂教学可能的三种方式,一是以 AR、VR 和 MR 技术为主,结合人工智能和"互联网＋"等技术,在智能建模基础上,建立智能仿真交互学习环境,让学生在可参与、可控制、身临其境的环境中,按照自己适合的学习路径开展学习活动。二是以大数据和人工智能技术为主,结合"互联网＋"、物联网、5G 等技术,建立智能感知环境,以学科图谱为依据,动态采集课堂教学情况大数据,实时分析教学状况,帮助教师调控教学活动,帮助学生完成个性化学习活动。三是以"互联网＋"和视频技术为主,结合大数据和人工智能等技术,依据教学和学习路径,在教学套件资源建设基础上,录制优秀教师讲解与指导微视频,录制有代表性学生的学习经验,建立学习路网资源,并基于应用效果大数据迭代优化学习路网资源,为优秀教师教学智慧供给提供有效支持。[1]

(二)现代技术的分类

现代技术按其应用环境的不同可以分为多媒体学习环境、混合学习环境、智慧学习环境,在基于工具和资源的知识学习与问题探究、基于微课和云课的人网融合课堂翻转教学、基于大数据的精准教学与精准学习等方面都可提供有效支撑。教师可以精心设计问题,运用技术引导学生通过虚拟实验、场景模拟、翻转课堂等方式解决问题,激发学生的学习兴趣,提高学生的课堂参与度,引导学生积极思考;教师也可利用工具关注并识别学生的课堂行为,评价学生的学习情况,做好学情分析,因材施教,从而更好地围绕学生开展教学实践,提高教学质量。

1. 多媒体学习环境

多媒体学习环境包括简易多媒体教学环境与交互多媒体教学环境等类型,重点支持教师实施集体教学。

2.混合学习环境

混合学习环境包括多媒体计算机网络教室、网络教学环境、移动学习环境等类型,重点支持开展集体学习。混合学习环境能够实现课堂空间与虚拟空间的无缝融合,构建真实直观的学习情境,不断增强学习空间的交互性,提升学生的任务实践与问题解决能力,满足学生学习需求。

3.智慧学习环境

智慧学习环境指有智能教育设备支持的学习环境,能够支持学生实现个性化学习与差异化学习。黄荣怀教授指出,智慧学习环境是一种能感知学习情景、识别学习者特征、提供合适的学习资源与便利的互动工具,自动记录学习过程和评测学习成果,以促进学习者有效学习的学习场所或活动空间。

二、现代技术发挥支持力的策略

现代技术为实现课堂情景交互、推进教育现代化提供支持,教师需要从培养学生学科核心素养的角度出发,探索教育信息化与学科教学的深度融合途径,结合信息技术,设计教学环节,通过丰富多彩的教学资源载体、具体直观的虚拟现实技术、精彩纷呈的教学互动,营造良好的教学氛围,推动学生自主学习,提高学习效率。

(一)知识汇聚:基于集成资料的知识汇聚体系化

在很多课程的课堂教学中,学生对于重难点知识的学习需要精准和丰富的相关学习资料做支撑,才能更好地完成知识理解和问题探究活动。但是,在常规条件下,学生很难快速、系统、准确获得这些资料,因此,需要教师利用信息技术,借助多媒体设备,将所有相关资料汇聚在一起,形成体系化的知识内容。一是挖掘教材,整合教材资源,根据学生学情对教材内容进行增删调整;二是挖掘生活,整合生活资源,结合学生日常生活实际或社会现象对教材内容进行整合优化;三是挖掘学科,整合学科资源,将不同学科的素材内容、思维方式等进行有效整合;四是挖掘技术,整合信息资源,以网络和媒体为媒介,挖掘互联网中提供的优质资源,利用信息加工工具进行知识重构。

例如,高中历史《古代的商路、贸易与文化交流》的教学片段:

探究活动:为什么宋元时期陆上丝绸之路逐渐衰落,海上丝绸之路日渐兴盛?

教师提供了如下材料:

材料一:宋代,陆地"丝绸之路"被西夏王朝占据,海外贸易受阻,南宋偏安江南,对外交往主要依靠海路。此时,南方已成为全国的经济重心,城市经济的发展带动了商品经济的繁荣,统治者实行奖励海外贸易的政策。

材料二:元代的大统一,为海外贸易的繁荣奠定了坚实的基础。……元代又先后开辟了黄海和渤海两条南北航线,并与传统的海上航线和港口沟通起来,将海外贸易向内地延伸,加强了内地与海外的经济联系,使海外贸易更加繁荣。……宋代时期,我国造船技艺和航海水平在隋唐的基础上又有了较大的发展,所制造的海船载重量更大,设计更为先进。

材料三:宋元时期,泉州取代广州成为东方第一大港。宋哲宗元祐二年(1087年),正式在泉州设置福建市舶司……宋政和年间(1111—1118年),又在泉州设立了"来运驿",专门负责接待海外各国使臣,同时在泉州城南设立"蕃坊",专门为阿拉伯、波斯商人居住。有些外国商人不仅"侨寓泉南",而且死后也葬于城外东南隅的专门墓地。

——以上材料均选自梁励《海上"丝绸之路"的兴衰》

根据材料信息,学生得出了如下结论:

(1)经济:经济重心南移;

(2)政治:元明清大一统(宋:局部统一,陆路中断,对外依靠海路）；政府重视、各项奖励政策及措施；

（3）技术：造船技术、航海水平更先进；

（4）主体（海运）：海路安全、运载量大、成本低。

又如，高中地理《喀斯特地貌》的教学片段：

教师：同学们，通过观察视频，你知道什么是地貌吗？

学生：地球表面高低起伏的状态叫地貌。

教师：我们可以从哪些维度观察地貌，深入了解这些纷繁复杂的地貌特征呢？

学生回答。

教师：为什么大家在看高原、盆地、山地、丘陵或平原时能快速区分？

学生：形态不同。

教师：形态有哪些不同？

学生：海拔、坡度等。

教师：当我们选择好一个观察点后，不仅可以从宏观上观察形态特征，还可以从微观上观察到什么？

学生：观察到物质组成。

……

图 2-25　视频和图片展示多样地貌

通过播放多种多样美丽中国地貌的视频,化各种抽象的地貌为具体真实的地貌形态,把学生带入了地貌学习的情境中,激发了学生的学习兴趣,并产生探究地貌学习的动力,激起学生求知的欲望,提高学生学习的效率。

生命力课堂要求教师提升自身的信息技术能力,在了解学情、深挖教材的基础上,充分整合生活资源,基于学科特点将现代科技作为载体搜寻互联网优质资源,并利用多种技术工具进行知识重构,创设真实情境,让学生真切地去体验真实情感以及真实事件,从而激发学习动力,提高综合素养。

(二)知识呈现:基于具象展示的知识呈现可视化

书本中的很多知识,对于学生来说过于抽象,艰涩难懂,老师可以利用现代技术,整合加工数字资源,将图片、声音、视频、动画、音乐等多种形式的教学资源融于教学过程,营造真切的情境,变抽象为具体,帮助学生理解知识内容,提高学生的认知能力,从而达成教学目标。

例如,高中地理《喀斯特地貌》的教学片段:

教师:请同学们观察钟乳石的生长方向,思考千奇百怪的钟乳石是如何形成的呢?

图 2-26 Flash 动画展示喀斯特地貌形成过程

大家都知道可溶性岩石和具有溶蚀力水之间发生的故事是一个极其缓慢的过程。教师可通过形象的动画展示喀斯特地貌的特征与形成过程,给学生以形象、直观的感受,突破重难点。

又如,高中地理《水盐运动》的教学片段:

教师:请大家观察水盐运动之盐碱化形成过程,概括出土地盐碱化的原因。

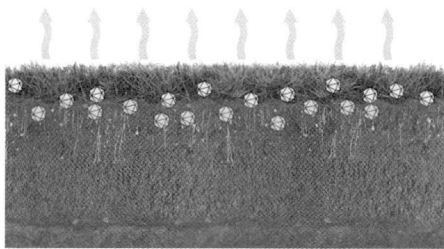

图 2-27　Flash 动画展示水盐运动过程

我国北方土地多盐碱地,为中低产田。盐碱化或为自然原因,或人为原因造成。盐碱化的形成过程及治理原理仅依靠文字说明显得很抽象,所以,通过制作 Flash 动画,可以让学生充分理解水盐运动的特点,有效突破归纳次生盐碱化产生的原因、危害及治理措施这一重难点。

(三)探究活动:以学科工具应用的探究对象动态化

实验教学可有效促进学生对学科知识的理解。然而,在实际教学中,可能存在实验器材准备不充分,实验过程具有一定的危险性、时间跨度长等情况。各教研组优选各种学科工具,如几何画板、洋葱数学、土豆生物、NB 物理实验、虚拟化学实验室等,通过交互式情境,让抽象、危险、难操作的展示,实验清晰可见,给予学生直观感受,从而突破知识难关。

例如,高中物理《牛顿第三定律》的教学片段:

教师:老师手中拿着一套力的传感器,请同学们注意看是两个传感器。为什么是两个呢?

学生:需要产生作用力和反作用力,涉及两个物体。

教师:很好。现在我们再拿出一个数据传感器。请看 PPT。照

177

片中的人手中拿的是和老师手中一样的力的传感器,地上摆放的是数据采集器,以及连接的电脑。力的传感器可以采集力的相关信息,传给数据采集器,将力的信号变为电的信号传给电脑,然后整理成可视化的信息。请同学们看力的传感器采集的标准信息界面,这里的坐标表示的是什么?

学生:横坐标代表时间变化,纵坐标表示力的大小与方向。

教师:现在老师先给大家进行演示,我一拉,一压……你能从这个图上得出什么信息?

学生:同一时间,力的大小相同,方向相反。

教师:你是怎么看出来的?

学生:横坐标相等时,纵坐标互为相反数,图象关于 x 轴对称。

教师:还能得出哪些信息呢?

学生回答。

教师:这两个力的大小变化没有?

学生:在变。

教师:那是如何变化的呢?

学生:两个力同时改变。

教师:刚刚老师拉动的时候让力的传感器处于平衡状态,那如果让力的传感器运动起来,结果会发生变化吗?

学生积极演示。

教师:刚刚同学们的演示很到位,请大家观察这个图象,结论变化了吗?

学生:结论不变。

教师:由此我们可以得出,作用力与反作用力的关系与物体的运动状态有没有关系?

学生:没有。

教师:实际上,这个结论由著名的物理学家牛顿提出,我们称之为牛顿第三定律。

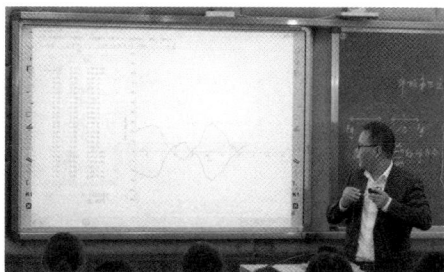

图 2-28　力的传感器的应用

艾迪生 Edislab 实验验证是信息技术应用到物理实验中的一种现代化实验平台,实验数据精度高、数据处理能力强,既尊重了实验的科学性,又保证了实验的成功率,解决了传统实验中不好做的、做不出的、效果差的问题,注重了学生的主动探究学习,避免了知识的被动灌输。

又如,初中数学《利用几何画板探究反比例函数的图象和性质》教学片段:

教师:请同学们画出 $y=\dfrac{1}{x}$,$y=\dfrac{4}{x}$,$y=\dfrac{12}{x}$ 的函数图象,你发现了什么?

学生 1:它们都不和坐标轴相交。

学生 2:它们都有两条曲线。

教师:它们有何共同特征?

学生 3:它们都位于一、三象限。

教师:还有吗? y 随 x 的变化情况如何?

学生 4:当 $x<0$ 时,y 随 x 的增大而减小;当 $x>0$ 时,也一样。

教师:很好。

……

图 2-29　几何画板的应用

教师:接下来,我们用几何画板来验证反比例函数图象的对称性。双击原点,接着选中点 F,选择菜单栏中变换一栏,下拉找到旋转。所谓中心对称,就是将一个图形绕着某一个点旋转 $180°$,能够和原图形重合。所以我们旋转 $180°$,于是得到点 F'。我们发现 F' 有什么特征?

学生:还是在图象上。

教师:我们拖动点 F,这是一对什么点?

学生:对应点。

教师:说明了什么问题?

学生:说明反比例函数的图象关于原点呈中心对称。

(四)课堂练习:以希沃白板 5 为载体的课堂练习交互化

希沃白板 5 作为一款专门针对教学场景设计的互动课件工具,以多媒体交互白板工具为应用中心,集备课、教学于一体。希沃白板 5 的蒙层、超链接、放大镜、课堂活动、学科工具、思维导图、秒表计时、手机同屏等功能,为开展交互式课堂教学活动设计与实施提供了技术保障。

例如,初中数学《有序数对》的教学片段:

教师:请看活动一,有序数对的识别。我请两位同学上台进行 PK,也请其他同学认真观看两位同学做的是否正确。活动要求:请你选择正确的有序数对,进行点击,若准备好,请点击开始按钮。

两位学生参与活动一,其他同学进行判断。

图 2-30 希沃白板的应用

教师:我们来检验结果是否正确。为什么这位同学做的第一题是错误的? 应该怎么改?

学生:符号错误,改成逗号。

教师:非常好,我们请两位同学回到自己的座位。请同学们思考,在有序数对的书写中,我们要注意哪些问题呢?

学生:要注意符号书写的规范,比如逗号和括号。

教师:很好,其实我们还要注意它们的使用顺序。那我们总结起来,就是三点:数与数之间用",",两个数之间用小括号括起来,还要注意它们的顺序。

教师利用希沃白板 5 的课堂活动交互功能,适时启用游戏模板,将部分课堂检测内容创建成互动分类游戏、正误判断或智能填词游戏等活动,让学生在具有挑战性和竞争性的游戏环节中巩固知识、掌握知识。人机互动的课堂活动打破了以往课件仅仅具有展示功能的限制,增强了课堂的趣味性,提高了学生学习的主动性,学生参与度更高。

例如,高中英语语法课"Subjunctive Mood in If-clause"的教学片段:

T: Just now we have summarized the structure of the subjunctive mood in if-clause. Now, let's do some grammar exercises to check which group will be the winner, OK?

S：OK.

T：Please look at the screen. I prepared some red packets for you. Do you want to get them?

S：Wow. That's fantastic!

T：Please remember different red packets have different questions which contain 2－4 points. Each group can choose any one you like. Now, let me see which group wants to get the first red packet?

S：Let me try first!

图 2-31　多媒体技术设备的应用

教师合理地利用多媒体技术,将普通枯燥的语法练习题改成红包得分题的形式,每个红包里包含了不同难度和不同分值的题目。巧妙地运用红包游戏,增加了英语学习的趣味性,有效地活跃了课堂氛围,通过激烈的竞争带给学生紧张的感受,激发学生的表现欲和竞争意识,让学生更为积极地参与到教师的教学中,最大程度地将自己的注意力集中在课堂中,让课程学习更加高效。

　　除此之外,教师在设计具体的 8 个红包语法题目时也采用了多样化的操练形式。比如,有些题目是让学生看短视频并找出视频中虚拟语气表达错误的句子;有些题目是听歌曲节选并填写出涉及虚拟语气表达的词汇;还有一些题目是结合所给图片,用虚拟语气的相关表达将句子补充完整。红包游戏练习题的设计以超链接为载体,整合了视频、动画、音乐、图片等多种形式的教学资源,实现了教学和多媒体技术的融合与联动,将乏味的语法课程转变为富有生动形象和趣味十足的课堂,给予学生身临其境的逼真体验,不断刺激学生的感官,充分抓住学生的注意力,激发学生的学习积极性,让学生在参与过程中提升自我学习能力,提高教学效果。

(五)展示交流:以同屏技术为依托的展示交流实时化

　　手机、平板电脑等移动终端具有功能强大、体积小、便于携带等优点,依托无线投屏技术,将智能移动端与传统电子屏完美切换,通过多屏合作、多屏互动,实现课堂教学情况实时传输,实现信息内容实时互通。基于此,我校经过实践,让无线同屏技术在课堂中的应用集中在课堂演示活动(实验)、学生成果展示、习题评讲三个方面。

图 2-32　同屏技术的应用

　　例如,高中地理《喀斯特地貌》的教学片段:

　　实验四:模拟峰的形成过程。用超轻粘土模拟石灰岩,勺子模拟溶蚀作用。

　　教师动态演示从溶沟到溶斗、洼地峰丛、峰林、孤峰、残丘的溶蚀过程。

183

学生协助投屏并观察。

教师：请观察，原本溶斗或溶沟相交的地方，现在地表形态如何？

学生：面积扩大，较为平坦。

教师：这种低陷下去、底部平坦的地形叫做溶蚀洼地。继续观察，溶蚀洼地的周边地表形态又将怎样？

学生：有耸立的山峰。

教师：这些山峰基座相连，称为峰丛。如果继续溶蚀会怎样？

学生：峰林、基座分开。

教师：当山体继续被溶蚀，又会出现什么演变呢？

学生：峰林、峰丛会越来越小，直至没有。

教师：当峰林继续溶蚀，许多山峰消失无踪，广袤的平原上有时会独留一座山峰称之为孤峰；继续溶蚀，山体会变得更矮小，称之为残丘。

教师：现实中所形成的地表喀斯特景观如何？

教师展示景观，由学生辨别并说明特征。

学生辨别溶斗、溶蚀洼地、峰丛、峰林、孤峰、残丘。

教师：从峰丛到峰林，再从峰林到孤峰、残丘，在中国南方大地上，喀斯特山峰拔地而起、群峰竞秀，展现了峰丛峰林演化的典型模式。

又如，初中物理《科学探究液体的压强》的教学片段：

教师：同学们，请看大屏幕，现在老师将实验器材投屏在大屏幕上。这是一个大水箱，老师这里还有一个器材，这是一个柱体，侧面挖有圆孔，蒙有橡皮膜，现在橡皮膜是平的，我把它放在水里面，同学们看到了什么现象呢？

学生：橡皮膜发生了形变。

教师：谁使它发生的形变呢？

学生：水。

教师:说明了什么?

学生:水的内部有压强。

教师:也就是液体的内部有压强。同学们再观察,你们还能发现什么?

学生:越深的橡皮膜形变越明显,压强越大。

教师:还有什么?

学生:方向不一样。

教师:形变的方向代表着什么?

学生:压力的方向。

教师:压力的方向又代表了谁的方向?

学生:压强。

教师:通过这些现象,请同学们猜想,影响液体压强大小的因素可能有哪些?

学生回答。

通过手机同屏技术,教师将实验过程同步至大屏幕上,同步播放并录制下来,模拟地理过程,学生可实时感受复杂地理事物的演化,激发学生学习的兴趣。同时,对于实验过程中的微小现象、重点现象,同步录制下来后可进行重点放大、重点观察,可有效突破教学中的重难点,提升学生的操作实践力,聚焦学科核心素养。

在课堂教学中,精讲点拨这一环节至关重要。传统的课堂教学中,教师对于问题的讲解形式单一,过于注重题目本身,而忽视了学生的课堂主体地位,对学生的吸引力不强,导致学生的课堂参与度较低,学习效率不高。依托现代视频监控技术等智能终端设备,实现对学生细微学习行为的准确识别,及时了解学生的情况;通过网络共享技术实现对学生学习和完成作业情况的实时跟踪与掌握,实时生成课堂检测数据,进行动态分析及诊断,定位学生知识盲区,并开展及时、精准辅导,从而提高课堂教学效率。

例如,高中数学《指数函数的性质和图象》的教学片段:

教师：请同学们利用指数函数的性质，比较两个数之间的大小。

教师利用投屏技术，实时监测学生的课堂作业完成情况。

教师：老师拍了四位同学的解题过程，我们请他们来说一下他们的解题思路。

学生：因为 $A=1.7>1$，所以 $y=1.7x$ 为增函数。其中，增函数的自变量越大，所对应的值越大。

教师：很好，非常严谨。下一题。

学生：因为 $0<0.8<1$，可得出函数为单调递减的函数。又因为 $-0.1>-0.2$，因此 $0.8-0.1>0.8-0.2$。

教师利用手机等智能移动端将学生学习中的典型错误，发现的新现象、新方法、好方法直接投屏到大屏幕上，让学生们共同学习，提高了作业讲评的高效性与针对性。比起以前请个别学生在黑板上板书、讲解，教师补充、纠正来说，同屏器的使用改变了课堂反馈形式，提高了课堂反馈效率。

第二节　典型案例

初中数学《有序数对》

一、教材分析

《有序数对》作为人教版七年级数学下册第七章的起始内容,是小学阶段所学的"用数对表示具体情境中物体的位置"的延续,也是学生在初中学习实数与数轴上的点一一对应的基础上来,进一步探究有序数对与平面上的点的关系,为建立平面直角坐标系以及在平面直角坐标系中利用有序数对来确定一个点的位置做铺垫,同时也是学习函数的基础,起着承上启下的作用。

这节课也是"数"向"形"的正式过渡。一个有序数对(x,y)可以与平面上的一个点建立一一对应关系,架起了数与形之间的桥梁,使我们可以用代数方法研究几何问题,又可以用几何方法研究代数问题。

本节课重在利用几个生活中常见的例子引导学生逐步进入数学化的过程,即经历用数对表示物体位置的过程,并观察数对的特点,使学生感受有序的必要性,加深对有序的理解,最后归纳出它的概念。有序数对中的"有序"是指像电影院中座位按"几排几号"编制,排数和号数是按顺序排列的。用有序数对表示物体的位置体现了数形结合的思想。

二、教学目标和目标解析

1.教学目标

(1)会用有序数对表示物体的位置。

(2)结合有序数对表示物体的位置,体会数形结合的思想。

2.目标解析

达成目标(1)的标志:在实际生活情境中,用一个有序数对来表示一个物体的位置,感受有序数对在确定物体位置中的作用,体会有序数对中两个数顺序的重要性。

达成目标(2)的标志:体会用有序数对表示物体的位置是将数与形建立了联系。

三、教学重难点

(1)重点:理解有序数对,确定物体的位置。
(2)难点:确定怎样用一对有顺序的数表示物体的位置。

四、教学支持条件分析

希沃白板5作为一款专门针对教学场景设计的互动课件工具,以多媒体交互白板工具为应用中心,集备课、教学于一体。希沃白板5的蒙层、课堂活动、学科工具、手机同屏等功能,为交互式课堂教学活动设计与实施提供了技术保障。基于此,我的教学以交互式课件制作为依托,将视频、音乐、游戏、同屏展示等技术有效地融合于数学学科的教学过程,提升技术辅助教学的备授课能力,探索出一种既能充分发挥教师主导作用,又能突出体现学生主体地位,以"自主、探究、合作"为特征的新型教与学方式,从而把学生的主动性、积极性、创造性较充分地发挥出来。

在本节课中,运用希沃白板5主要实现以下几点:第一,创设有效的音视频情境,提高学生学习积极性,带动学生的主动思考;第二,合理设计动画,激活学生思维,促进学生的深度思考;第三,设计游戏性的课件,增强数学课堂的趣味性,利用技术对学生进行检测和评价;第四,利用希沃白板的同屏展示功能,及时、便捷地展示学生设计成果,便于进行对比分析,加强小组间的交流与学习。

五、教学设计

(一)情境引入,激趣点题

问题 1:视频最后提到的很重要的事是什么?

【设计意图】这节课,一个重要的教学目标是要让学生学会用有序数对表示位置,选用小视频作为开篇引入,一是激发学生学习兴趣,激活学生思维;二是创设丰富的教学情景,让学生对本节课的知识有一个较好的感性认识,从而引入课题;三是让学生切身感受到数学源于生活。

合作交流,探究新知

问题 2:请你描述图 2-33 中棋盘里圆圈中棋子的位置。

问题 3:请你描述图 2-34 中电影院里圆圈中座椅的位置。

问题 4:请你描述图 2-35 中所标记地点的位置。

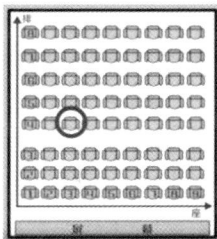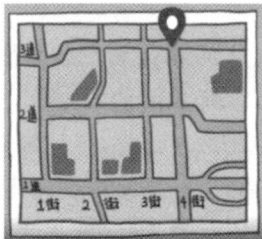

图 2-33   图 2-34   图 2-35

【设计意图】结合生活实际,抽离小视频中的场景创设系列问题情境,借助问题聚焦,引发学生思考交流。在全班的交流环节中,教师在黑板上记录下大家对于位置描述的讨论结果,为新知探索作铺垫。

问题 5:图 2-36 是一个教室平面图,老师现在想在班上找一名同学,你们知道老师要找的是谁吗?(事先规定好列数、排数的排列规则。)

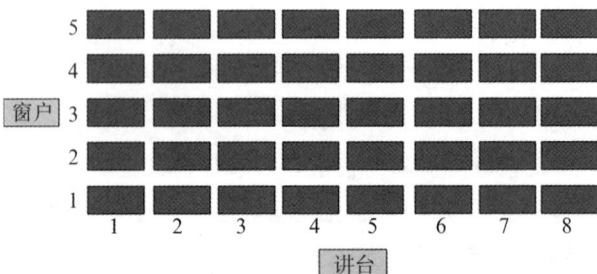

图 2-36 某班教室平面图

追问1:这位同学在第二列,你们知道是谁吗?

追问2:这名同学还在第三排,现在知道是谁吗?

追问3:你认为在平面上确定一个位置需要几个数据?

【设计意图】从在教室中找位置这一问题出发,让每一位同学在活动中亲身体验如何确定位置,在体验中去探寻隐藏在活动中的数学规律,深化数学理解。借助前面的实例以及层层设问,让学生明确在平面上确定一个位置需要两个数据。

问题6:请在教室平面图中找出"第二列,第三排"所在的位置。

师生活动:教师引导学生从"第二列,第三排"的文字描述出提取出数字信息,得到数对(2,3),学生思考将上述的三个情景里面所在位置的文字描述转化为数对,分别是(6,3),(3,4),(4,3)。

问题7:请你思考,在教室里面(2,3)和(3,2)表示的含义一样吗?

师生活动:学生根据(2,3)表示第2列第3排,(3,2)表示第3列第2排,容易得出二者含义不一致,并且表示的位置也不同的结论。

【设计意图】引导学生将冗长的文字语言转化成符号语言,让学生经历用数对表示物体位置的过程,再结合对数对的观察与辨析,使学生感受有序的必要性,加深对有序的理解。

问题8:你能根据现有的四个有序数对的特征,给出有序数对的定义吗?

师生活动:教师引导学生观察有序数对的特征,由学生归纳得

190

出有序数对的概念:我们把这种有顺序的两个数 a 与 b 所组成的数对,叫做有序数对,记作 (a,b)。

【设计意图】让学生经历用数对表示物体位置的过程,解决了几个体现有序数对特征的问题,最后结合这些问题,抽象出有序数对的概念。

(二)实践应用,巩固新知

活动一:有序数对的识别(如图 2-37)

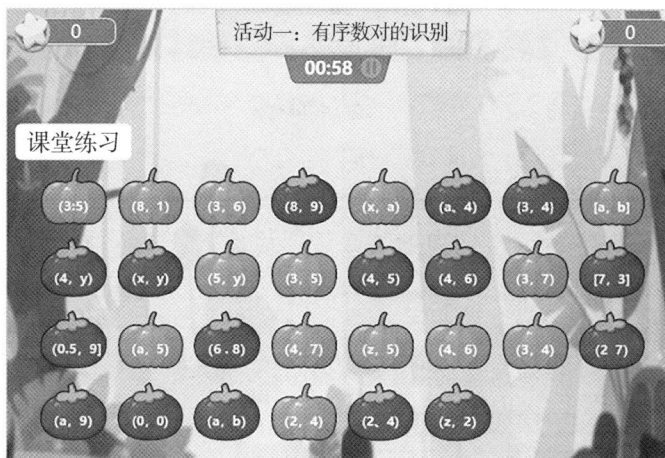

图 2-37 有序数对的识别

问题 9:你认为有序数对的书写,需要注意哪些问题?

师生活动:经历有序数对书写的游戏 PK,让学生自主完成纠错,并要求学生梳理、归纳有序数对书写的注意事项,得出以下几点:(1)数与数之间用逗号隔开;(2)外面用一个小括号括起来;(3)有序数对两个数字在书写时要注意顺序。

【设计意图】借助希沃白板设计"有序数对的识别"PK 小游戏,让学生在众多的有序数对中勾选出书写正确的有序数对,增强数学课堂趣味性,也很大程度提高了学生的学习积极性,带动了学生主动思考。在检测结束后,电子白板上会显示出学生答题过程中的正误,教师对学生进行有效评价,及时纠正错误。

活动二:刮涂层,找伙伴

请找出以下有序数对所对应的位置:(3,3),(3,4),(3,5),(4, 3),(4,4),(4,5)。(有序数对的所在位置如图 2-38 所示)

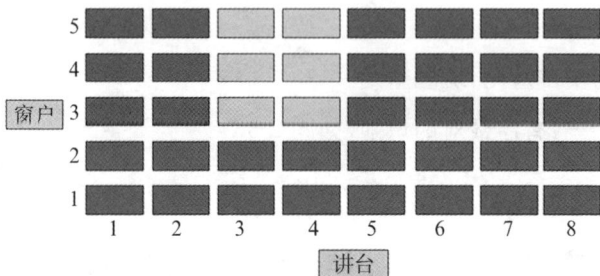

图 2-38 某班教室平面图

【设计意图】借助希沃白板设计的刮涂层游戏,增强了活动神秘感,学生的积极性与参与度也有了很大的提高。活动二的本质是在根据有序数对找"位置",这些位置刚好构成了一个长方形,以此让学生明晰有序数对可以用于图案设计。

活动三 让有序数对"回家"(如图 2-39)

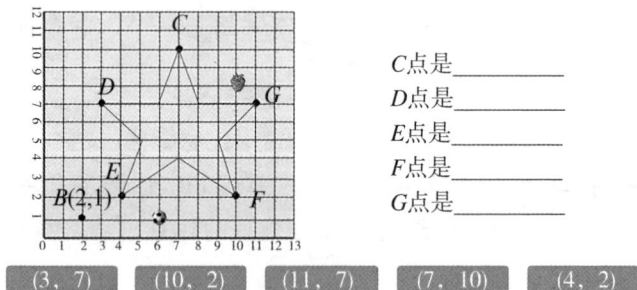

C点是_____

D点是_____

E点是_____

F点是_____

G点是_____

(3,7)　(10,2)　(11,7)　(7,10)　(4,2)

图 2-39 有序数对描述点的位置

【设计意图】借助希沃白板设计"填空游戏",是人机互动的一个重要体现,也充分利用了技术对学生进行检测和评价。这个活动的本质是在根据"位置"找有序数对,结合前面的活动二,让学生充分认识到有序数对与"位置"存在着对应关系,为下一节平面直角坐标系中的点与坐标之间的一一对应关系的学习奠定基础。

(三)深入理解,拓展延伸

拓展 1

思考 1:在地球上如何确定城市的位置?

追问 1:你能得到怎样的有序数对呢?

追问 2:这种确定位置的方法是什么?

思考 2:你会如何描述图 2-40 中小丽家的位置?

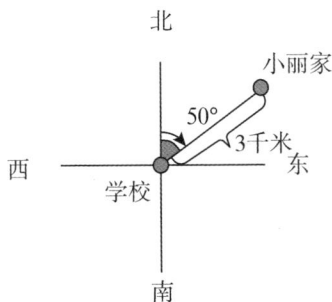

图 2-40

追问 1:"北偏东 50°方向"表示的是一个什么数据?

追问 2:"3 千米"又表示什么?

追问 3:你们觉得这种定位的方法是什么呢?

【设计意图】设置这两个思考问题,一是让学生积累确定位置的活动经验;二是拓宽学生在平面上确定位置的思路,除了利用有序数对定位法,还可以用方向、距离定位法;三是在潜移默化中渗透极坐标的思想,为以后的学习做铺垫。

拓展 2

思考 1:如果全班同学站成一列做早操,老师想找某个同学,是否还需要用两个数据?

思考 2:多层电影院确定位置用两个数据够吗?

追问 1:这三个数据分别代表什么?

追问 2:从这两个问题中,你能得出怎样的结论?

【设计意图】设置这两个生活化的思考问题,意在发散学生思维,让学生学会灵活处理生活中的位置表示问题。

(四)小组合作,图案设计

2021年是中国共产党的100岁生日,请你充分发动自己的智慧,以小组为单位,选取适当的有序数对,使得其对应的小方格拼出"中""国"两个字。

学生的成果可借助希沃授课助手进行同屏展示,效果如图2-41所示:

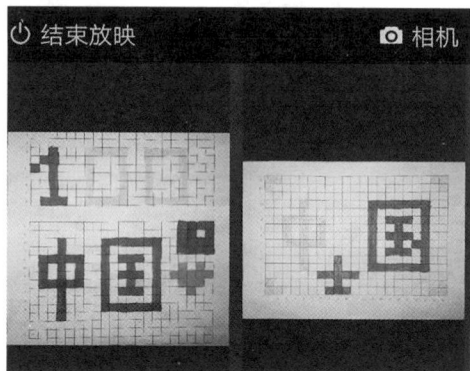

图 2-41

【设计意图】以建党100周年为契机,让学生以小组为单位进行图案设计,意在培养学生的民族自豪感和合作意识,激发学生的爱国情怀,进行"学科育人"的德育渗透。利用希沃授课助手的同屏展示功能,同学们能够及时在电脑上看到自己组以及其他小组的设计成果,便于进行对比分析以及进行成果的设计说明,加强小组间的交流与学习。

(五)回顾小结,归纳提升

思考:本节课我们学习了哪些知识? 你有哪些收获?

有序数对的定义

有序数对 ⇄ 位置
表示 / 对应

师生活动:学生谈感悟和收获,教师总结生活千头万绪,但数学有章可循,数学的运用体现在我们生活的方方面面。

【设计意图】让学生从自己的体会、感悟、收获等不同的角度谈谈本节课学习的主要收获,在学习的过程中感受到生活美和数学美,感悟到数形结合的数学思想,引发学生更深层次的思考,促进学生数学思维品质的提高。

思 考 题

如图 2-42 所示是中国象棋中一次对局时的部分示意图,若"帅"所在的位置用有序数对$(5,1)$表示。

(1)请你用有序数对表示其他棋子的位置;

(2)我们知道马行"日"字,如图中的"马"下一步可以走到$(3,4)$的位置,问还可以走的位置有几个? 分别如何表示?

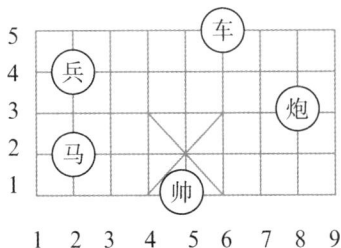

图 2-42

【设计意图】检测学生对知识的掌握情况,提升学生的数学思维能力,同时也在学习的过程中加深对象棋这一国粹的了解。

(执教者:礼嘉中学简丹阳)

参考文献

［1］钟绍春.课堂教学新模式构建方向与途径研究［J］.中国电化教育,2020(10):40－48.

第十一章
课堂达成体现生长力

从经验生长新知 从互动生长能力 从反思生长素养

生长，即成长，向成熟的阶段发展。出自《管子·形势》："春夏生长，秋冬收藏，四时之节也。"

充满生长力的课堂，不会拘泥于"已成""现成"的，更着眼于"未成"的。当"未成"的经过努力变成"已成"的，就是一种"生成"，教育的过程就是一个持续不断地促进生命生长生成的过程。教师在教学中，以学生的认知发展水平和已有经验为基础，适时调整教学设计，允许生成并提供相应条件和机会，以促进学生在知识、情感和技能上有所收获、有所突破，达到课堂目标。

我们教育的对象是一群个性鲜明的生命，每个生命都有自己的生长规律，作为一个课堂组织者，我们所能做的就是帮助每一个生命更好地生长。课堂达成体现生长力，简单来说就是教师在课堂上运用专业技能，组织动用各种资源，通过师生互动、生生互动，形成真正的学习共同体，让学生在课堂上生成新的认知、新的能力的过程，实现教师与学生的生命成长。

197

经典语录

教育即生长。

——杜威

最好的一种教学，牢牢记住学校教材和实际经验二者相互联系的必要性，使学生养成一种态度，习惯于寻找这两方面的接触点和相互的关系。

——杜威

道德普遍地被认为是人类的最高目的，因此也是教育的最高目的。

——赫尔巴特

教学必须从学习者已有的经验开始。

——杜威

教育人就是要形成人的性格。

——欧文

教育中要防止两种不同的倾向：一种是将教与学的界限完全泯除，否定了教师主导作用的错误倾向；另一种是只管教，不问学生兴趣，不注重学生所提出问题的错误倾向。前一种倾向必然是无计划，随着生活打滚；后一种倾向必然把学生灌输成烧鸭。

——陶行知

使每一个学生在毕业时候，带走的不仅仅是一些知识和技能，最重要的是要带走渴求知识的火花，并使它终生不熄地燃烧下去。

——苏霍姆林斯基

教育不能创造什么，但它能启发儿童创造力以从事于创造工作。

——陶行知

教育儿童通过周围世界的美、人的关系的美而看到的精神的高尚、善良和诚实，并在此基础上在自己身上确立美的品质。

——苏霍姆林斯基

第一节　课堂达成立足核心素养

2014 年 3 月,教育部发布了《关于全面深化课程改革 落实立德树人根本任务的意见》,提出了"核心素养"这一概念。从相辅相成的三维教学目标,即知识与技能(学什么)、过程与方法(怎么学)、情感态度与价值观(学会什么)到落实"立德树人"为根本任务的核心素养,是从教书到育人的转变,是对教学目标的聚焦和强化。

基于学科核心素养的教学目标,以课程育人为导向,以课堂教学为主线,以教学评价为依据。要让学科核心素养在教学中落地并生根发芽,让教育的"枝条"向四面八方蔓延,最终回归教育的本质,即育人。要达成这一目标,设计基于学科核心素养的教学目标是关键。

一、课堂达成的意蕴

(一)课堂达成的解读

达成,达到一个目的或实现一个目标,尤指通过有意识的努力。课堂达成即指通过师生一致的努力,达到基于学科核心素养的教学目标。

课堂教学目标是否达成,取决于教学评是否一致。课堂教学活动以教学目标为指引,即课堂教学目标是一切课堂教学活动的出发点和归宿,而课堂教学结果,即课堂教学目标的达成度,需要评价标准进行衡量。以评价逆向思考教学设计,促进课堂教学目标的达成,从而实现高质量的生命力课堂。

(二)课堂达成的分类

课堂达成度通过教学评价进行衡量,评价理念不同,维度不同,结果自然存有差异。在生命力课堂当中,强调学生知识、思维、人格的协同,因此我们以学生为主体,从知识建构度、对话参与度、思维深广度、知识迁移度、情感丰盈度五个维度出发,将结果性评价与过程性评价相结合,表现性评价和发展性评价相统一。

1. 知识建构度

我国学者赵建华在《知识建构的原理与方法》一书中说,知识建构是指个体在某特定社会环境中互相协作、共同参与某种有目的的活动,最终形成某种观念、理论或假设等智慧产品[1]。在知识建构环节中,学生是主体,但知识建构不是要求学生原创,而是通过教师的引导,将现成的具有层次性和顺序性的知识引入到学生原有的知识体系之中,实现新旧知识的有效衔接,再基于某一知识解决实际问题,甚至对相关的现象作出推论和预测。

2. 对话参与度

教学是师生、生生之间的沟通交流,要讲究对话的艺术。巴西著名的教育家弗莱雷说:"没有了对话,就没有了交流,没有了交流,也就没有真正的教育。"课堂对话参与度就是指课堂师生对话过程中,学生的参与程度,包括参与的人数、参与的态度、参与的效果等。

3. 思维深广度

新课程标准明确提出,学科教学的一个重要教学任务就是让学生了解本学科思想,促进学生思维发展,提升学生思维品质。课堂思维深广度是指课堂上学生横向全面思考和纵向深入思考时所能达到的程度。思维的广度是指能全面、立体地看问题,观察问题的各个层面,分析问题的各个环节,综合思考;思维的深度是指由远到近、由表及里、层层递进、步步深入的思考。

4. 知识迁移度

美国著名教育家泰勒在其著作《课程与教学的基本原理》中指出:"教育的基本手段是提供学习经验,而不是向学生展示各种事物。"学习的迁移则是指运用已学知识去解决新问题,回答新的提问,或者学习新内容的能力。有效的学习必须以学习者已有的知识经验为基础向外扩展,能运用所学的知识、学法思考和解决新问题:学会迁移,举一反三;有自己的见解和想法,并能流畅地进行表达;对不同的观点学会质疑,有批判性思维[2]。

5. 情感丰盈度

中学生正处在人生观、价值观和世界观的形成时期,处在青春期的最高潮处,他们对于新事物的认知渴望和好奇也是其学习的最直接动机。情感丰富的课堂,学生能够主动参与学习,积极思考,课堂有热度、有激情,不同层次的学生在知识、能力、道德品质等方面都有所提高和发展,师生在课堂中双向激发,共同生长。

二、课堂达成体现生长力的策略

教师想要构建生长力课堂,需做到:一是认真解读课程标准和教材;二是基于学生立场,认真解读学生,以学生实际状态成为教育教学的起点和出发点;三是关注学生发展,特别是最近发展区。教师每堂课前,都应仔细琢磨三个点:挑战点,这节课给学生怎样的挑战? 突破点,必须突破哪些障碍和难点? 生长点,实现学生在原有基础上的哪些提升? 挑战点从课堂目标出发,突破点从课堂活动着手,生长点从知识、能力、情感落脚。

(一)精准教学目标,明确生长方向

刚入职的新手教师,可能常有以下困惑:这本教材这么厚,一学期怎么讲得完? 这节内容知识量太大了,40分钟讲不完怎么办? 在《布卢姆教育目标分类学》中提出:不解决"什么值得学习"这一难题,那么,教师们可能没有足够的教学时间。因此,教师的教学应首先明白:什么值得学习。教学是一项有目的的理性行为,教师教授给学生的是教师认为值得教给学生的内容。每个学科的课程标准都为教师明确了教学目标,旨在提高每个学生的学科素养,明确学生生长方向。

精准教学目标,即教学目标定位准确,重难点清晰,符合学科、

学段特点和学生学情。教学目标定位准确,是课堂教学高效的关键。只有明确了教学目标,才能科学组织和调整教学内容,合理安排和开展教学活动,准确分析和评价教学效果。这就要求教师在设计教学目标时,一要具体化,细化到认知、技能、情感等各项目标,避免过分强调知识性目标;二要符合实际,在了解学生实际能力水平和特点的基础上,确定合理的教学目标;三要差异化,每个学生都是特殊的个体,教师必须以个体差异作为一种资源来开发。从而在教学目标的设计上体现出合理的层次性,促使每个学生学有所得,学有所长[3]。

例如,高中历史《南京国民政府的统治和中国共产党开辟革命新道路》的学习目标如下:

(1)通过漫画与文字史料的相互印证,理解南京国民政府的性质。同时学会客观、多维度分析漫画中隐藏的历史信息,理解漫画在历史学习中的作用,提高思维能力和历史解释能力,培养史料实证意识,突破本课难点。

(2)通过认识中国共产党在革命道路探索中的曲折前进,理解敢于纠错、实事求是是中国共产党最终能开辟革命新道路并引导人民取得革命胜利的关键原因,树立道路自信,培养时空观念,涵养家国情怀与唯物史观,突破本课重难点。

(3)通过不同人物对长征的印象,理解并总结长征的意义,感受不同人物对历史评价角度的差异,明白回忆录的史料价值,理解多方面进行史料印证的重要性,培养历史解释和史料实证能力,涵养家国情怀,突破本课重点。

又如,初中数学《应用分式方程解决行程问题》的学习目标为:

(1)借助表格,分析行程问题中的等量关系,通过设未知数,能正确地列出方程。

(2)利用分式方程解决行程问题,掌握用方程解决实际问题的一般步骤。

（3）反思运用分式方程解决问题的过程；探讨出解决问题的多种方法。

（4）体会利用分式方程解决行程问题的过程，进一步感知方程是刻画实际问题数量关系的一种重要模型。

目标具有多种形式，总目标和分目标，外显的目标和内隐的目标。在教育过程中，目标从概括到具体可以分为教育目标、课程目标、单元目标、课时目标。教育目标是需要大量时间与教学努力才能实现的、复杂的、多方面的学习结果；课程目标是相较于教育目标稍微具体一些的目标，目的在于设计某一课程；单元目标是某一学科的教学单元目标；课时目标则是最为"狭窄"的目标，用于准备教学计划，规划每天或者每节课的教学活动、经历和练习。教师只有制定出明确的、科学的课堂教学目标，为教学活动和教学时长做好预设，才有利于指导课堂教学活动的正确进行，促进课堂教学目标的有效达成，帮助学生知识扎实生长。

（二）把握认知特征，遵从生长规律

认知广义上表现为人脑对客观事物的反应。皮亚杰认知发展理论提出：中学生（从 11－15 岁或 16 岁）处于形式运算阶段，主要特征表现在具备了一定的形式推理能力和逻辑能力，并能解决一些复杂问题，认知结构日渐成熟，具备了能够像成人一样去思维的认知结构，思维发展趋于成熟，思维具有了更大的灵活性[4]。在与社会交互作用中产生的经验是影响个人认知发展因素之一，学习过程是中学生社会经验习得的主要路径。学习是一种复杂的心理认知过程，中学生正处在人生观和世界观的形成、上升阶段，我们的教育应把握住青春期学生认知特征，遵从生长规律，有效激发学生学习潜能，让学生自由自在生长。

在创设问题情境时，教师要选择易引起学生兴趣和好奇心的情境内容，联系学生的生活实际，调用学生的已有经验，创设生动又富有吸引力的情境。同时，任务的指向性要明确，让学生带着任务在活动中探索。在活动中,教师以观察者的身份进行适当的引导,让学生自主探究,为学生的自主发展提供更大的空间。

例如,高中历史《古代的商路、贸易与文化交流》的教学片段:

教师:请观看视频,思考"古丝绸之路"兴衰的奥秘给今天中国"一带一路"建设提供了哪些启示?

学生:坚持对外开放,坚持和平发展之路,坚持不断发展自身,提高综合国力。

【设计意图】古今联系,培养学生的世界意识,理解自身所处的时代环境和历史使命,培养民族自信心,涵养家国情怀。

又如,高中生物《DNA分子的结构》教学片段:

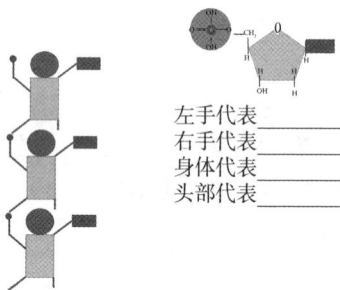

左手代表_____
右手代表_____
身体代表_____
头部代表_____

图 2-43　人体多核苷酸链

教师:我们用小人来模拟多核苷酸链的结构,大家来识别一下它们身体不同部位代表着什么结构?

学生:左手代表磷酸,右手代表碱基,身体代表脱氧核糖,头部代表脱氧核糖的氧原子。

教师:DNA双螺旋的"双"指的是什么意思呢?

学生:有两条多核苷酸链。

教师:正确,意味着DNA有两条链,如果再来一排"人体多核苷酸链",如何相互联系组成双链? 想一想小人的右手可以放在哪里?

学生:可以用"右手搭左手"的连接方式。

教师:首先,最简单的是右手搭左手,也就是碱基在同侧。还有可能右手拉右手,碱基在内侧。还有一种可能左手碰左手,右手悬空,碱基在两侧。

图 2-44　共研课堂生命力　聚力双新促成长

教师:还是从 DNA 的稳定性角度出发,你认为以上哪种方式形成的结构最稳定呢? 到底哪个是正确的呢? 我们需要有科学论据。阅读导学案上的资料,小组讨论,根据以上科学论据,推断 DNA 双链结构的三种假设,哪一种是正确的?

前排的同学向后转,开始讨论。讨论时间 2 分钟。

教师:请同学来分享你们小组的想法。

学生:我们认为第二种方式最具有稳定性。

教师:大家认同吗? 非常好,碱基排列在内侧是正确的,只有这样的排列方式,DNA 的结构才最稳定,双螺旋的宽度才是一致的。碱基之间是如何连接呢? 是通过相互之间的吸引力。一个碱基上的氢原子可以与另一个碱基中的 O 或 N 形成吸引力,这种吸引力叫做氢键。

本教学片段中学生了解了 DNA 的基本组成单位——脱氧核苷酸,通过磷酸与相邻脱氧核苷酸的脱氧核糖相连,很多个脱氧核苷酸聚合组成多核苷酸链的基础上,以"人体多核苷酸链"的形式,让学生探讨具有哪些双链形成的方式,模型搭建好后,追问哪种方式最具有稳定性,进一步提供科学依据,辅助得出正确的 DNA 双链连接方式。将知识应用到复杂的任务中,进行模型搭建以及对模型进行评判,属于高级思维层次中的评价维度。教学环节的设计充分考虑到学生的认知发展是一个连续的、有规律的过程,引领学生从已知到未知、从简单到复杂、从具体到抽象、从现象到本质的顺序逐渐深化。

(三)丰富教学方法,构建生长环境

高效课堂的标志在于两个标准,即效率的最大化和效益的最优化[5],学生如何在单位时间内受益量最大和受教育教学影响的积极程度最优。这需要教师从备课、授课等环节,运用丰富、有效的手段,构建一个学生乐于学习、积极学习的课堂环境。

1.备课策略

俗话说"不打无准备之仗",课堂对于教师而言好似一个战场,没有备课,怎么能在这场"战役"中大获全胜,实现教学目标呢? 高效的备课应解决以下问题:教材是否备透? 学情是否了然? 教法是否活用? 为了更好解决这些问题,要求教师备课时应做到"三备":独立备课、集体备课、修正备课。

第一,独立备课,了然于心。首先,备教材,精选教学内容:吃透教材,感悟文本;合理舍弃,突出重点;教学内容情景化、生活化,问题设计体现探究性、自主性。其次,备学生:分析班级学生学习情况,找准学生真实的学习起点,有效预留教学空间。最后,备教法:研究实施过程,选择教学方式,注重教学艺术,整合教学手段。

第二,集体备课,集思广益。集教研组全体教师之力,对其中的重点、难点以及教学方法,进行商讨,相互之间查缺补漏,完善教案,为提高课堂教学的效率群策群力。

第三,修正备课,实践修订。结合集体备课中的有效建议,在自我备课的基础上,根据授课学生的情况、特点,改进自己的教学方案,促使备课更具有针对性和时效性。

2.讲授策略

授课中教师一旦不够重视讲授方法的运用,一味地通过语言讲

述向学生灌输教授的内容,非但不能提高教学的质量,甚至会让学生感到上课索然无味,无法集中注意力,丧失学习的兴趣等问题,造成教学质量的下降。故在课堂中,教师应首先思量:如何讲授？何时讲授？

常言道:"学起于思,思源于疑。"课堂教学中的讲授应当具有启发性、引导性和趣味性,课堂教学在讲授教学内容时应当增加讲述的趣味性,在设计教学情境时注意与实践相结合,让学生更加直观、感性地认识,了解,掌握学科知识。反之,平淡无味的课堂,难以激发学生学习的兴致。教师抑扬顿挫的语言节奏、恰当丰富的表情和肢体语言,再配以根据教授内容而采取的不同的教学法,并将之相互融合、衔接,充分发挥教师在课堂教学中的引导作用,对学生的知识、学习方法、价值观等进行综合指导,搭建出令学生沉浸其中的课堂氛围,以此提高课堂教学的效率。

3. 提问策略

课堂不能只有教师的"独演"和学生的"观望",否则一段时间后学生便"身在曹营心在汉",思绪就会游离出课堂。适时的提问,不仅能提高学生的注意力,了解学生的掌握情况,更能有效引导,促进学生思考。

首先,问题的设计:问题应当突出教学的重点、简单容易理解、难度要适中且具备一定的引导性。其次,提问的时机:在讲授之前提问,设置悬念,激发兴趣;在讲授过程中提问,督促注意力,引发主动思考;在讲授之后提问,检验掌握情况,加深知识巩固。最后,进行有效的评价:不能是简单的敷衍,更不能不置可否。把握好评价的尺度,以表扬、鼓励为主,做到中肯、有效,促进学生知识和心理的共同进步,搭建学生身心愉悦生长的环境。

4. 合作学习指导策略

合作学习最大的优点在于能够有效地促进师生、生生之间的交流,培养学生的团队精神和合作意识。首先,科学设置合作小组,成员搭配合理,相互促进成长。其次,选择恰当合作内容,富有吸引力的同时,具备讨论价值,有利于突破重难点。第三,确保合作交流的有效性,先给予成员独立思考的空间,再以小组为单位进行交流,相互启发,搭建适宜学生思维与表达交流能力生长的环境。

例如,初中生物《细菌》的教学片段:

教师:细菌小而多,广泛分布在我们的四周,影响着我们的生活。细菌于我们而言,是敌还是友呢?

学生:敌人!(朋友!)

教师:现在我们以班级为单位,我们将全班分为两个大组进行辩论,请代表抽取你们的辩点。右侧正方:细菌是友。左侧反方:细菌是敌。老师来做裁判。

裁判宣读规则:

(1)辩手发言时,每次仅说一种细菌与人类的关系,正、反方依次轮流举证。

(2)请简洁表达,如:肺炎链球菌是敌人,会导致肺炎。

(3)辩手发言时,其余同学请保持安静。

(4)3分钟内,论据多的一方获胜。获胜方和最佳辩手将获得老师赞助的养护好肠道的益生菌糖果一颗。

大家可结合课本内容、日常生活搜集论据。准备时间1分钟。

在激烈而井然有序的辩论过程中,我们慢慢发现同学们举出了如下论据:正方认为枯草芽孢杆菌是朋友,可以显著净化水质,反方认为枯草芽孢杆菌是敌人,净化水质过程中投放过多会引起鱼虾缺氧死亡;正方认为大肠杆菌是朋友,能维持肠道内环境稳定,反方认为大肠杆菌是敌人,被大肠杆菌污染的食物和水食用后会引起腹痛呕吐……这些实例,打破了许多同学心中"细菌都是有害的"的结论。通过群辩赛的活动形式,一方面激发同学们的参与热情,另一方面,让同学们在短暂的准备时间中,高效进行资料的收集与整合,迅速组织逻辑语言进行表述,同学们的思维与语言表达能力都得到了锻炼。

(四)实施多元评价,检验生长效度

教学评价是培养目标能否实现和教学活动的实施是否有效的重要反馈。自 2003 年至今,有关课堂教学评价的问题一直是课程改革的瓶颈,也是课程改革中难以突破的问题之一。传统的课堂教学中,教师掌握着课堂评价的大权,学生只能按照教师的想法去回答,被动地接受教师的评价。即使学生有自己的想法,其中也有一定的可取之处,但是只要教师不认可、不接受,学生仍然得不到肯定,甚至会引来批评。这极大剥夺了学生学习的主动权,打击了个性化学习的积极性。在少数课堂中,教学和评价分离的状况依然存在,有的教师过于重教学、轻评价,一方面不利于学校教学质量的提高和学生全面的发展,另一方面不能对学生的生长效度进行有效检验。

构建多元的评价体系要体现评价主体的多元化和评价方式的多样化。多元的评价能让学生获得正确的自我认知,建立自信,也使教师能及时、准确获取课堂教学的反馈,掌握学生课堂综合生成情况,提高教学目标达成度。

评价主体多元化:学生自评,学生正确的自我评价有助于形成良好的学习习惯,并在自我评价中进行反思,及时调整学习策略,为后续发展奠定基础;生生互评,学生之间互相评价能有效培养学生的合作精神和竞争意识,在评价过程中教师除了要让学生学会评价,还要让学生学会倾听,能正确、友善听取别人的意见,达到取长补短、合作共赢的目的;教师评价,这往往是学生最在意的评价,教师对学生的评价应遵循"激励性"和"导向性"原则,教师要用发展的眼光来看待和评价学生,使学生获得更好的发展[①]。

评价方式多样化:主要根据课堂教学活动的实际情况及学生学习的实际情况选择评价方式。背诵提问、听写默写、纸笔测验是从古至今最常使用的课堂评价方式。"教""学""评"三者应该处于三

位一体的关系,评价与教学相互制约,相互影响,不能把评价与教学相互分离,评价要融入"教"和"学"之中,教学里同样要渗透评价[7]。

例如,初中生物《细菌》的教学片段:

教师:活动要求,请大家结合教材第 91 页和老师提供的学具,构建细菌的基本结构模型。老师邀请两位同学上台构建,其余同学小组探讨,看哪组又快又准确! 活动开始!

学生构建模型。

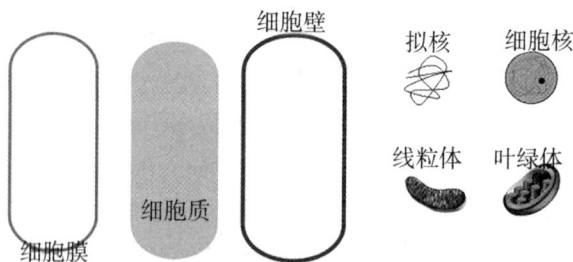

图 2-45　构建细菌的基本结构模型

教师:台上的同学已经将细菌的结构搭建好了,其余小组也都完成了。大家构建的模型跟台上同学的是否一致呢? 我们请一个小组上台展示你们的结构模型。

学生上台展示模型,两组模型进行比对。

教师:他们的模型不一样,到底谁的才是正确的呢?

台下同学举手进行点评。

学生:第一组的模型正确,第二组的有少量错误,细菌的基本模型不包括细胞核,细菌只有拟核。

教师:你们的点评非常准确,请第二组与其余有问题的小组修正模型。细菌具有相同的基本结构,包含了——

学生:细胞壁、细胞膜、细胞质、拟核。

教师:由此可见,虽然细菌的形态多种多样,但其结构却基本相同。

片段中,通过构建细菌的基本结构模型这一教学活动,检验学生对细菌基本结构的掌握情况。通过小组之间相互评价,培养了学生的合作精神和竞争意识。通过评价,学生对细菌模型进行修正,实现了教学目标。教师要从不同角度、以不同标准对学生的课内外学习进行评价,实现评价的激励、反馈调控、鉴定、诊断功能。

　　焕发课堂生命力,激发学生生长力。生命力课堂是一个有深度、有广度、有厚度、有温度的课堂,在生命力课堂理念的引领下,教学从学生已有的发展水平出发,格物致知,一以贯之,关注学生的知识学习、能力培养、品格养成、情感熏陶,最终实现成长学生、成就教师、成功学校的效果。

第二节　典型案例

高中地理《水和盐的故事》

一、教材分析

水圈是自然地理环境的四个基本圈层之一，而海洋是水圈的主体，其中，海水的理化性质和运动对人类活动产生了重大影响。教材把海水的性质安排在必修 1 的第三章第二节，是第一节水循环的微观表现，同时对第三节海水运动的学习起到铺垫作用。

海水的性质包括温度、盐度和密度三种主要特征，许多海洋现象都与这些特征有关。一是海水温度、盐度和密度的水平分布和垂直分布规律。重点抓住影响分布的主要因素，例如，太阳辐射是海水最主要的热量来源，其差异导致海水的温度和盐度存在显著的时空分布规律；表层海水盐度主要取决于蒸发量和降水量之差；洋流、河川径流和海陆轮廓等，也会对海水的盐度产生影响。海水密度的变化比较复杂，与海水温度、盐度和压力有关系。二是海水温度、盐度和密度与人们生产生活的关系。例如，不同海区，海水的温度和盐度不同，对渔业生产影响很大。

本节课只讲海水性质中的海水的盐度对人类活动的影响，第一，讲清楚盐度的概念，盐度的影响因素，运用图表资料，比如"世界海洋表层盐度分布图"等总结海水盐度的时空分布规律。第二是要让学生明确海水盐度对海水开发利用的影响，多用图片，多举实例，让学生说明海水开发利用的方式。

二、教学目标

(1)运用图表资料，理解并说明海水盐度的分布规律和影响因素。

（2）运用地图总结全球盐度分布规律,要定位到地图上的区域。

（3）通过测量水的盐度,加水改变水的盐度,直观地感受影响盐度的因素。

（4）联系生产生活实际,分析海水盐度与人类活动的关系。

三、教学重难点

（1）教学重点:运用图表资料,说明海水的盐度对人类活动的影响。

（2）教学难点:运用图表资料,说明海水盐度的分布规律和影响因素。

四、教学过程

（一）情境导入

教师:播放《咱家那些事》视频,海参马上就要上市了,结果淡水进池子里了,海参全死了。

提问:海参为什么全死了呢？ 池子里的盐度发生了变化,那什么是盐度？

【设计意图】通过电视剧视频片段引入课堂教学,在具体的生活情境中感受海水盐度对海水养殖的影响,引发学生的共鸣,同时对即将要学习的内容产生浓浓的兴趣。

（二）第一篇——解惑

1.海水盐度的概念

教材:海水的盐度是溶解于海水中的盐类物质与海水质量的比值。通常用千分比表示,指 1000 克海水所含盐类物质的多少。

提问:怎么用公式表示出海水盐度？ 分子是？ 分母是？

【设计意图】通过把文字转化为公式,加深对海水盐度概念的理解,同时为后面分析影响海水盐度的因素做铺垫。

教师:分子是盐质量,分母是海水质量,海水质量等于盐质量加上水质量,所以海水盐度的公式就可以表示为:

$$海水盐度 = \frac{盐质量}{盐质量 + 水质量} * 1000‰$$

2. 盐度的影响因素

实验一:探究影响盐度的因素

实验器材:

一杯浓度为 35‰ 左右的咸水、一杯盐度为 0.01‰ 左右的淡水、盐度计、玻璃棒等。

实验步骤:

(1)教师先讲解盐度计的用法,然后将盐度计放入咸水中测量盐度,请学生一起读出来;

(2)邀请一位学生运用同样的方法测量淡水的盐度;

(3)请学生设计:如果咸水杯中盐的质量不变,你有什么方法来改变水的盐度呢?

展示:请一位学生和老师一起完成实验。

提问:给杯子加水,起稀释作用,盐度降低,那给杯子加热,盐度又会怎么变呢?

追问1:如果既给杯子加水,又给杯子加热,那盐度怎么变呢?

追问2:从一杯咸水扩大到海洋,海洋的总盐量也基本保持不变,同学们说哪些地理现象是在往海洋当中加水呢? 又有什么现象是减少海洋中的水呢?

【设计意图】通过实验,让学生直观感受咸水和淡水盐度的差异,理解盐度的概念,提高学生的地理实践力。通过让学生在实验中自主的设计过程,加深对盐度概念公式的理解,同时也直观感受到一些措施是可以改变盐度的,为后面得出在地理环境中有哪些因素会影响盐度做铺垫。

教师：加水，起稀释作用，盐度降低；加热，水分蒸发走了，盐分留了下来，起浓缩作用。那如果我们既给它加热又往里面加水，盐度会怎么变呢？加入水量大于蒸发量，盐度降低；加入水量等于蒸发量，盐度不变；加入水量小于蒸发量，盐度升高。在地理环境中向海洋中加水的现象主要有河流和降水，减水的现象主要是蒸发。总结影响海水盐度的因素：气候（降水量、蒸发量）、河流。

3. 盐度的分布规律

读"世界大洋8月表层海水盐度分布图"。

提问：盐度高值海域大致分布在哪两条纬线附近？为什么？

追问1：从副热带海区往赤道走海水盐度怎么变？为什么？

追问2：从副热带海区往两极走海水盐度怎么变？为什么？

【设计意图】运用"世界大洋8月表层海水盐度分布图"，让学生探究得出不同纬度盐度的分布规律，培养学生读图能力和合作探究能力。

教师：全球盐度高值海域主要分布在南北回归线附近——副热带海区，因副热带海域终年受副热带高压控制，炎热干燥，蒸发量大，降水少，蒸发量远大于降水量，因此盐度高。从副热带海域向赤道走，盐度降低，赤道海域虽然温度高，蒸发强烈，但降水丰沛，因此盐度不是最高。从副热带海域向极地海域，海水温度降低，蒸发量减小，盐度也渐低。因此，通过探究我们可以总结出全球盐度的分布规律，副热带海域盐度最高，从副热带海域向赤道盐度降低，主要是因为降水量的变化，向两极走，盐度降低，主要是因为蒸发量的变化。把它绘制成曲线图，同学们看一下，副热带海域盐度最高，从副热带往赤道和两极走盐度逐渐降低，海水的盐度随纬度的变化呈"马鞍形"。

读"同一纬度A（长江入海口处）和B（外海）盐度差异"。

提问：说出图中同纬度的A（长江入海口处）和B（外海）盐度差异，为什么？

【设计意图】通过入海口和大洋中部盐度的对比,设疑引出同一纬度盐度也存在着差异,同时进一步思考为什么会存在差异,不仅得出海水盐度的分布规律,又巩固影响海水盐度的河流因素。

教师:A小于B,入海口处河流对海水有稀释作用,结合北美洲密西西比河入海口、南美洲亚马孙河入海口的盐度可得出盐度的空间分布规律:同一纬度,河流入海口处盐度低。

读"长江口区各季节的表层海水平均盐度(‰)"表和"长江流量季节变化曲线图"图

长江口区	盐度
春季	14
夏季	7
秋季	9
冬季	20

图 2-46 长江口区各季节表层
海水平均盐度表

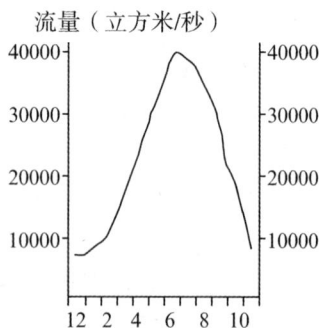

图 2-47 长江流量季节
变化曲线图

提问:长江口区哪个季节盐度最大,哪个季节盐度最小,为什么?

【设计意图】通过读表格和曲线图提高学生获取和解读地理信息的能力,同时在读图中启发学生思考,盐度不仅在空间分布上存在差异,同时在时间分布上也存在差异,进一步引发学生思考为什么会出现差异,既丰富了知识体系,又训练了学生综合思维能力。

教师:长江入海口处冬季盐度最大,夏季盐度最小,因为冬季是枯水期,河流流量小,对海水稀释作用弱,盐度高;夏季是汛期,河流流量大,对海水稀释作用强,盐度低。河流入海口附近,汛期盐度低,枯水期盐度高。

材料一：近半个月以来，随着气温回升，大连海参养殖户时刻关注着海参圈（juàn）里海冰融化的情况。"海参圈里的海水流动性很差，前段时间的低温严寒天气把整个海参圈都冻上了。冬天海参在圈里冻着的情况比较正常，没什么关系。但是海冰开化……海参在圈里就有危险了！"

——2月22日《半岛晨报》

实验二：海水结冰对盐度的影响

实验工具：

一杯浓度为35‰左右的咸水、家用冰箱、盐度计、玻璃棒等。

实验步骤：

（1）课前将咸水放入冰箱冷冻室5个小时，上课前从冰箱取出带进课堂；

（2）请同学们观察杯中有什么现象；

（3）请一位同学上来用盐度计测量此时咸水的盐度。

提问：材料一中海冰开化处省略了什么呢？

追问1：从材料一中可以得出，什么因素也会影响盐度？

追问2：从中又可以得出中高纬海区盐度有怎样的时间分布规律？

【设计意图】通过邀请一位学生朗读材料一，增加参与性。因为是新闻材料，学生也认同其真实性，与导入处相呼应，不仅电视剧中养的海参因为暴雨而死亡，现实中也有海参因为海冰融化而死亡。学生从新闻材料中找寻关键信息总结影响盐度的因素，提高学生从文字资料中获取信息的能力。在追问1结束后设计实验二，让学生直观感受结冰对盐度的影响，并提高学生的地理实践力和课堂的趣味性。

教师：海冰开化处省略了"盐度降低，不再适合海参生存"。说明结冰和融冰也是影响海水盐度的因素。通过实验二可以得出融冰时海水的盐度降低，因为海冰盐度较低，融冰就是往海水中加入淡水，对海水起稀释作用，海水盐度下降。结冰时，盐度会上升，结冰相当于减少了淡水,所以盐度上升。所以又可以得出一个盐度的时间分布规律:中高纬有结冰期的海域,结冰时盐度高,融冰时盐度低。同时还增加了一组影响盐度的因素:结冰和融冰。

材料二:红海位于非洲东北部和阿拉伯半岛之间,盐度超过40‰,是世界上盐度最高的海域。波罗的海位于斯堪的纳维亚半岛和欧洲大陆之间,盐度不到10‰,是世界上盐度最低的海域。

提问:分析红海盐度最高、波罗的海盐度最低的原因。

【设计意图】通过探究活动,让学生把刚才学习的影响盐度的因素利用起来,同时也得出海水盐度分布的极值区域,在探究过程中还培养了学生的区域认知和综合思维。

教师:红海盐度最高的原因:①位于副热带海区,水温高,降水少而蒸发旺盛,蒸发量大于降水量;②红海两岸河流注入少,对海水稀释作用弱;③海域比较封闭,受外海影响小。波罗的海盐度最低的原因:①纬度较高,温度低,蒸发弱,降水量较多,降水量大于蒸发量;②注入波罗的海河流众多,对海水稀释作用强;③海域比较封闭,受外海影响小。同时又增加了一个影响海水盐度的因素——海域封闭程度。

(三)第二篇——献策

1.海水养殖

材料三:海水养殖是利用沿海的浅海滩涂养殖海洋水生经济动植物的生产活动。有美味的蛏子和多宝鱼,张牙舞爪的龙虾和花蟹等,它们对盐度的要求不同,蛏子适宜生活在盐度12‰—15‰的海水里,多宝鱼适宜在16‰—18‰的海水里,龙虾适宜在24‰—26‰的海水里,花蟹适宜在23‰—24‰的海水里。

提问:因盐度存在时空变化,那么为了更好地发展海水养殖,考虑盐度,你觉得在海水养殖过程中应注意哪些问题?

【设计意图】前一篇学生理解了盐度的概念,盐度的时空分布规律,第二篇在第一篇的基础上,进入盐度的应用。海水养殖不是我们重庆人生活中常见的,所以需要有材料将同学们带入情境,让学生根据所学的知识去探究其在生产生活中的应用,凸显人地协调观。

教师:①不同海域,根据盐度高低选择适宜的水产品;②同一海域,不同的季节考虑盐度的变化对水产品的影响;③加强盐度检测;④遇降雨或融冰使养殖池盐度过低,应尽快排出上层低盐度的水,同时加入大量高盐度的海水;⑤关注天气预报。特别注意盐度的稳定性对海水养殖尤其重要。总的来说,在海水养殖过程中,不同海域要因地制宜,同一海域要做到因时制宜,实现人海协调。

2.晒盐

材料四:我们国家已经有了1000多年晒盐的历史,晒盐,就是利用太阳能等资源,通过蒸发的形式从海水中把水分离出去,留下盐。

播放"长芦汉沽盐场作业"的视频。

提问:请同学们根据晒盐的过程,思考总结晒盐需要哪些条件?

【设计意图】展现我国传统工艺和最大的盐场长芦盐场,培养学生的综合思维——怎样的地理环境才适合晒盐?

教师:晒盐需要广阔的场地,所以首先是海滩宽广平坦;有了场地,接下来就需要有利于蒸发的气象条件,雨水较少、日照充足、多大风天气,这也是大多数盐场选址的条件。

3.其他应用

材料五:海水淡化即利用海水脱盐生产淡水,是实现水资源利用的开源增量技术,可以增加淡水总量,且不受时空和气候影响,可以保障沿海居民饮用水和工业锅炉补水等稳定供水。世界上有十多个国家的一百多个科研机构在进行着海水淡化的研究,一座现代化的大型海水淡化厂,每天可以生产几十、几万吨至近百万吨淡水。海水淡化的成本在不断地降低,有些国家已经降低到和自来水的价格差不多。

材料六:海水稻,一个"化滩涂为良田,盐碱地稻花香"的梦想,正在一步步地接近生活。在不远的某一天,数亿人会为之感谢。这是袁老留给世界的最后一份珍贵礼物。中国的盐碱地有多少?袁隆平的团队曾经做过测算,15亿亩盐碱地中,能够进行改造的土地至少有2亿亩。这是一个多么庞大的数字。要知道,为确保粮食生产安全,我们必须坚守18亿亩耕地红线。如果在这个基础上能增加近10%的耕地数量,那么我们的粮食问题就迎刃而解了。

【设计意图】通过材料和图片让学生了解还有很多利用海水的方式,明确科技的发展对海水利用方式的影响,学会用发展的眼光看问题。

教师:从海水养殖、晒盐到海水淡化、种海水稻,科技的进步扩大了海水利用的方式。我国海域辽阔,海洋资源丰富,海洋是当之无愧的第二国土和蓝色粮仓,只要我们用发展的眼光看待问题,解决问题,相信未来我们还能发现海水更多的利用方式。

4.总结提升

【设计意图】总结归纳本节课知识,建立起知识框架,上升到国家政策,落实立德树人的根本任务。

教师:首先我们通过第一篇——解惑,学习了海水盐度的概念、影响因素、时空分布规律,然后通过第二篇——献策,知道了海水利用的方式。同学们,我们只有知道了海洋的性质,才能对海洋资源进行合理的开发利用,与大海和谐共生。习近平总书记指出,我们要"依海富国,以海强国,人海和谐",早日把我国建设成为海洋强国,实现中华民族的伟大复兴。

(执教者:礼嘉中学孙小容)

参考文献

[1] 张鹏举.构建课堂教学评价的六个维度[J].教学与管理,2021
(01):76－78.

[2] 高尚英.课堂评价维度的研究[J].教育家,2018(16):16－17.

[3][4]张娴.基于皮亚杰认知发展理论的生物学活动课设计研究[D].
西华师范大学,2020.

[5] 金茜.构建农村初中物理高效课堂的策略与实践研究[D].湖南
科技大学,2017.

[6] 程燕芬.关注评价策略 提高教学效率——浅析小学英语课堂教
学评价方式的应用[J].科学咨询(教育科研),2020(12):283
－284.

[7] 李娜.基于"教、学、评"一体化理念的高中化学课堂教学评价研
究[D].聊城大学,2021.

第三部分

生命力课堂的优秀教学设计

教学设计一

喀斯特地貌

何诗妍

一、课标分析

课程标准中对本课的要求是"通过野外观察或运用视频、图像，识别3—4种地貌，描述其景观的主要特点"。

本条课标的重要内容包含两个方面，一是识别几种常见的地貌；二是描述并掌握其景观特征。课标强调，地貌与"地形"概念基本通用，从成因入手划分不同的"地表形态"，如河流地貌、喀斯特地貌、海岸地貌、风沙地貌等，并在此基础上掌握它们的地形地貌景观特征。识别的重点在"区别"和"归类"，即让学生通过视频、图像等手段，对比不同地貌所在的自然环境及其景观特点，从而区分它们的类型。针对前者，基于必修和选择性必修的难度区别，课标要求教师在处理地貌类型时，可以提及相应类型的次级地貌类型，在观察中识别主要地貌，记录并描述主要特征，通过资料的分析和讨论，简要推测地貌的形成过程，并适当拓展形成原因，但不建议教师从成因入手构建教学体系。针对后者，课标要求景观的描述需要对地貌景观特征的形态和物质组成进行描述，如类型、规模、色彩特征、次级地貌组合，教师可提供描述的关键词术语，供学生选择使用，以使描述语言科学、准确、简洁、规范等。

二、教材分析

"喀斯特地貌"在必修 1 的第四章第一节,教材介绍了三个方面的内容,一是喀斯特地貌的概念,二是喀斯特地貌在我国的典型分布区,三是分地表喀斯特和地下喀斯特两种类型,分别介绍次一级地貌组成、景观特点及其与人类活动的关系。这部分内容有两条线索,主线或明线是喀斯特地貌多种多样的景观,暗线是各种喀斯特地貌景观之间的联系。教学可从两个层次展开:一是阐明喀斯特地貌的概念,分析喀斯特地貌的形成与自然环境的关系;二是阐释喀斯特地貌的分类,指导学生描述喀斯特地貌的景观特征。

三、教学目标

(1)通过野外考察、视频、图像等途径辨别喀斯特地貌;

(2)了解喀斯特地貌的分布,掌握野外观察地貌的基本方法;

(3)掌握喀斯特地貌的景观特征,分析其成因。

四、教学重难点

(1)教学重点:知道观察地貌的手段、顺序以及内容,掌握喀斯特地貌分布及景观特征。

(2)教学难点:喀斯特地貌主要景观溶沟、洼地、峰丛、峰林、孤峰、残丘、钟乳石的形成过程、成因及关联。

五、教学过程

(一)情境导入

(教师播放美丽中国丰富多彩的地貌视频。)

提问:你在视频中看见了什么?

【设计意图】通过播放丰富多彩的地貌视频,给学生创造了身临其境的情境,通过观察各种各样的地貌,引发学生思考主要的地貌,激发学生的学习兴趣,引入主题:地貌。

(二)地貌的概念、类型与观察

1.地貌的概念

教师:你在视频中看见了什么?

学生:地貌。

教师:什么是地貌呢?

(学生回答。)

教师:地球表面高低起伏的状态叫地貌。面对如此纷繁复杂的地貌,我们怎样了解其特征?

学生:深入野外实地观察。

教师:今天在课堂上,老师无法带你们去野外实地观察,我们怎样去识别地貌?

学生:通过视频或图片。

教师:老师今天将通过视频或图片让你们感知地貌。不管是野外实地,还是视频或图片,怎样去认识和区分? 我们从哪些维度观察地貌?

(学生思考。)

【设计意图】通过视频展示地貌类型,让学生对每一种地貌有简单的认识。

2.地貌类型

教师:为什么大家在看高原、盆地、山地、丘陵或平原时能快速区分?

学生:形态不同。

教师:形态有哪些不同?

学生:海拔、坡度……

【设计意图】通过展示多种地貌类型,引导得出地貌观察的内容。

3.地貌观察

教师:当我们选择好一个观察点后,不仅可以从宏观上观察形态特征,还可以从微观上观察到什么?

(学生回答。)

教师:观察物质组成,此外我们还可以了解其分布特征并简单推测其成因。

教师:接下来让我们带着这种方法去观察这些地貌,由于本节课时间有限,我们此次仅观察一种地貌。

【设计意图】归纳观察方法,并带着方法去观察喀斯特地貌。

(三)喀斯特地貌

1.分布特征

教师:在我见过的众多地貌中,有一种令我情有独钟,这种地貌不仅吸引到我,也吸引了我国古代一位伟大的地理学家——徐霞客。他在游记中这样描绘所观察的地貌景观,请大家齐读。

(学生齐声朗读。)

教师:徐霞客观察到的是什么地貌? 具有什么特点? 在你脑海中建构了一幅怎样的画面?

学生:峭峰离立、分行竞颖;丛立之峰,磅礴数千里……

教师:这是怎样的一幅画面? 我们一起来观看。

(学生观察照片。)

教师:这种地貌属于哪一种类型?

学生:喀斯特地貌。

教师:喀斯特地貌在世界上如何分布?

(学生回答。)

教师:喀斯特地貌在世界上分布广泛。你们见过喀斯特地貌景观吗? 我们重庆有没有?

(教师呈现中国喀斯特地貌分布图。)

教师：从宏观上看分布有何特点？南、北方有什么差异？

学生：（读图名，读图例）广泛，几乎每个省区都有。南方和北方来讲，又以南方尤其是西南居多。比较代表性的有云南、贵州、广西和重庆，主要在中国南方。

【设计意图】通过徐霞客游记中关于喀斯特地貌的描绘，提高学生探究的欲望。通过读图方法的引导，得出喀斯特地貌的分布特征和物质组成，提升学生的读图能力。

2. 物质组成

教师：当我们惊叹于大自然的造物之美时，也不禁会有这样的疑问：是什么力量塑造了这般瑰丽的美景？喀斯特地貌是如何形成的？

教师：刚才读图的时候，大家是否关注了图例，图例中都有一个关键词——碳酸盐岩。常见的岩石类型是石灰岩，主要成分是碳酸钙。

提问：大家见过石灰岩吗？（实物展示）可触摸桌上的石灰岩，从硬度、颜色直观感知石灰岩。

（学生观察、触摸石灰岩，从硬度、颜色直观感知石灰岩。）

教师：这块岩石硬度、颜色如何？

学生：比较硬，偏灰黑色。

教师：石灰岩呈现灰白色、灰黑色等颜色；硬而脆，容易产生裂隙。

【设计意图】通过石灰岩实物展示，让学生触摸感知石灰岩的硬度及颜色，提升地理实践能力。

3. 成因简析

【实验】实验一：溶蚀作用

教师：在石灰岩上滴草酸，请大家观察实验现象。

提问：观察到什么现象？

学生：有大量的气泡产生。

教师:这说明,碳酸钙在酸的作用下可溶,因此将石灰岩称为可溶性岩石。溶于什么酸呢?

学生:碳酸、硫酸、硝酸、有机酸。

教师:自然状态下,大气中二氧化碳(CO_2)溶于水(H_2O)生成碳酸(H_2CO_3),加之有机酸等酸,形成了具有溶蚀力的水。碳酸钙与碳酸相反应又会生成什么产物?

学生:碳酸氢钙[$Ca(HCO3)_2$]。

教师:碳酸将难溶的碳酸钙溶解为可溶的碳酸氢钙溶液,这个过程即为石灰岩的溶蚀作用。可溶性岩石只有碳酸盐岩吗?

(学生回答。)

教师:还有硫酸盐、卤酸盐等岩石。

提问:请大家观察图片,你认为此区域的气候有何特征?

学生:温暖多雨。

教师:图中能看到石灰岩和水,是什么性质的岩石和什么性质的水?

(学生回答。)

教师:具有溶蚀力的水对可溶性岩石的改造后形成了一系列地貌,因西方地理学家最早在南欧的喀斯特高原进行研究而取名喀斯特地貌,在中国又被称为岩溶地貌。

【设计意图】通过实验一,了解流水的溶蚀作用以及石灰岩的可溶性,根据溶蚀作用原理简单推测其成因。

4.形态特征

教师:石灰岩与水之间会发生怎样的故事?喀斯特地貌将会形成什么景观?无数次的化学反应积少成多,居然开始重塑地表,四道超级风景,即将逐一诞生。

【实验】实验二:1小时溶蚀。在网格状石灰岩上滴草酸,请观察实验现象:1小时后将会发生什么变化?

学生:可看见凹槽。

教师:这些凹槽是如何形成的呢?

学生:岩石表面被流水溶蚀。

教师:请同学们大胆推测,继续溶蚀下去凹槽会怎样变化?

学生:加深。

教师:这种石质凹槽的形态像什么?

学生:沟。

教师:由于是溶蚀作用形成的沟,称为溶沟。这个溶沟呈现什么形状?

学生:长条状。

教师:众多长条状的溶沟相互交错,会形成什么形状?

学生:千沟万壑。

教师:准确描述是网格状。两个溶沟中间向上突起的石脊是石芽。原本平整的地面又会变得如何?

学生:崎岖不平。

教师:请同学们继续推测,在纵横交错的溶沟形成后,地面进一步被水溶蚀,又会出现什么样的地表形态?

【设计意图】通过实验二前后对比,让学生识别溶沟、石芽,并描述其形态特征。

(1)**侵蚀地貌**:峰。

【实验】实验三:石芽、溶沟经过 24 小时溶蚀。在网格状石灰岩上滴草酸,请观察实验现象:24 小时后将会发生什么变化?

教师:如果溶沟继续溶蚀,会形成什么景观呢?(展示实验视频。教师现场将经过 24 小时溶蚀后的石灰岩展示出来。)

(学生观察。)

教师:凹槽愈溶愈深,中间突出的部分愈发尖削高大,如同 30～40 米的微型山峰,第一道超级风景"峰"诞生了。万千"峰"群铺天盖地,又好似一片岩石森林,因此得名"石林"。

提问:石林之外,另一种"峰"更加庞大,在极厚的可溶性岩石区域,水流切割出连绵不绝的群峰。这些峰又是怎样形成的呢?

【实验】实验四:模拟峰的形成过程。用超轻粘土模拟石灰岩,勺子模拟溶蚀作用。

(教师动态演示从溶沟到溶斗、洼地峰丛、峰林、孤峰、残丘的溶蚀过程。)

(学生协助投屏并观察。)

教师:请观察,原本溶斗或溶沟相交的地方,现在地表形态如何?

学生:面积扩大,较为平坦。

教师:这种低陷下去、底部平坦的地形叫做溶蚀洼地。继续观察,溶蚀洼地的周边地表形态又将怎样?

学生:有耸立的山峰。

教师:这些山峰基座相连,称为峰丛。如果继续溶蚀会怎样?

学生:峰林、基座分开。

教师:当山体继续被溶蚀,又会出现什么演变呢?

学生:峰林峰丛会越来越小,直至没有。

教师:当峰林继续溶蚀,许多山峰消失无踪,广袤的平原上有时会独留一座山峰,我们称之为孤峰;继续溶蚀,山体会变得更矮小,我们称之为残丘。

教师:现实中所形成的地表喀斯特景观如何?(展示景观,由学生辨别并说明特征。)

(学生辨别溶斗、溶蚀洼地、峰丛、峰林、孤峰、残丘。)

教师:从峰丛到峰林,再从峰林到孤峰、残丘,中国南方大地上,喀斯特山峰拔地而起、群峰竞秀,展现了峰丛峰林演化的典型模式。

【设计意图】通过实验三前后对比,让学生识别石林,并描述其形态特征,为喀斯特地貌"峰"的识别做铺垫。通过实验四动态演绎喀斯特地貌峰的演化过程,运用大量图片,引导学生观察地上喀斯特景观"峰"的形态特征。

（2）**侵蚀地貌**：洞。

教师：从空间位置看，刚才所分析的这一系列地貌景观都是石和水在什么地方的交互作用呢？地表还是地下？

提问：请大家思考，在地表流动的水如果遇到了岩石内的裂隙，又会往哪里流？

学生：地下。

教师：于是，流水的溶蚀还开启了地下世界的大门。南方充沛的降水，通过各种裂隙、孔洞进入地下，制造出巨大的洞穴与地下河系统，这便是中国南方喀斯特的第二道超级风景——洞、落水洞和溶洞。

（教师播放视频，展示溶洞的形成过程。）

提问：具有溶蚀力的水渗入地下岩石的水平裂隙后，水平裂隙产生了什么变化？

学生：水平裂隙在溶蚀作用下，空间逐渐扩大。

教师：请继续观察，当地表水位下降时，地下水位发生了什么变化？

学生：地下水位也会下降。

教师：随着地下水位下降，溶洞也就随之形成。如果洞穴顶部在重力作用下坍塌，则会形成天坑。

提问：以上这些（板书）地貌景观，景观类型虽不一样，但是形成过程、原理有什么共同特点？

学生：水的溶蚀作用。

教师：2019 年 8 月我去四川光雾山诺水河溶洞参观，在溶洞之中，我还发现了一些奇特的景观。

（教师播放诺水河溶洞沉积景观视频。）

教师：这些景观的形成和刚才的溶蚀过程有何不同？

学生：出现了沉积。

教师：怎么形成的？你能描述其沉积过程吗？

（学生回答。）

【设计意图】运用视频感知溶洞的形成过程，激发学生的学习兴趣。运用视频让学生对溶洞内各种千奇百怪的沉积景观有一种简单地认识，激起求知的欲望。

（3）**沉积地貌**：钟乳石。

教师：水在石灰岩裂隙内流动过程中，不断地溶蚀石灰岩，水体里的碳酸氢钙浓度增高。当从溶洞顶渗出时，溶于水中的碳酸氢钙在遇到压力减小或温度升高时，二氧化碳便会逸出，与此同时还会形成什么化学物质呢？

学生：重新析出碳酸钙。

教师：这就是喀斯特地貌的沉积过程。

教师：同学们，你去过溶洞吗？重庆也有许多溶洞，巴南的琵琶洞便是其中典型代表。上学期我们学校部分师生去实地观察了琵琶洞。进入溶洞之后，不仅听见了滴答水声，还看见了许多奇形怪状的石头，伴随着滴答水声，你能识别溶洞中以下沉积地貌类型吗？

第一幅图中的石头呈现乳白色，称为钟乳石。

提问：第二幅图中的石头像从天而落的巨大的幕布，又像家里或教室中的什么呢？

学生：窗帘。

教师：称为石帘。第三幅图中的石头悬在空中，很像窗幔，取名石幔；第四幅图水滴从洞顶滴落的速度很快，钟乳石便从地底往上长出来，像雨后春笋一般，所以取名为石笋。

提问：（教师出示第五幅图）请仔细观察，它们的生长方向如何？

学生：钟乳石向下发育，石笋向上发育。

教师：是否有可能相连？连接后又会形成什么地貌类型？

学生：会，相连后形成石柱。

教师：像一根巨大的柱子，取名为石柱。

教师：这是老师借来的十分珍贵的石笋标本。请同学们仔细观察石笋标本的纵剖面,说出石笋的结构特点。

学生: (学生观察石笋标本)石笋纵剖面有着层理结构。

教师: 大家推测一下,石笋为何会形成这种形态结构?

学生: 在不断沉积生长的过程中形成的。

教师: 这个过程极其缓慢,一百年仅增长1cm。需要近万年的时间才能形成老师手中的这块石笋。这些层理可反映当时的沉积环境。它不仅具有美学价值,还具有科研价值。专家采摘钟乳石是为了科学研究以便更好地保护它。大自然馈赠给我们的这些奇观很珍贵,今后去野外参观时,定要加倍小心,切勿破坏。

教师: 实际上,除了这些钟乳石外,在深邃庞大的溶洞世界里,还形成了数量庞大、类型丰富、造型精美的其他沉积景观,我们接着欣赏。

(教师播放沉积景观的图片:鹅管石、石花。)

教师: 老师这里也借来了鹅管石,中空而长,像鹅的翎管,请大家观看。如此瑰丽的地下景观令人惊奇。

【设计意图】 联系上期地理课外实践活动小组实地参观巴南琵琶洞,更加立体直观地认识溶洞。通过大量的图像及动画,让学生识别溶洞内钟乳石、石帘、石幔、石笋、石柱等沉积景观,并描述其主要特点。通过实物展示石笋标本,观察其剖面结构,感知其沉积过程极其缓慢,懂得珍惜和爱护自然景观。通过实物展示鹅管石,感知地下景观令人惊奇之处。

(4)**侵蚀地貌:** 坑。

教师: 请大家思考如果洞穴的溶蚀继续,会发生怎样的演变?

(学生回答。)

教师: 当洞穴大厅发生坍塌,第三道超级风景便孕育而生——天坑。全球前三的大型天坑,全部位于中国西南部。重庆小寨天坑深达666米,是目前已知全球最深的天坑。

教师: 如果天坑四周岩壁溶蚀坍塌,又会怎样变化?

（学生回答。）

教师：还会形成天然的桥梁，人称"天生桥"。位于湖南张家界的锅灶天坑，其南侧溶蚀崩塌后，一个跨度达 50 米的"天生桥"便诞生了。

【设计意图】运用图像识别"天坑""天生桥"，并描述其景观特点。

（5）**沉积地貌**：钙华。

教师：石灰岩与水的故事就此结束了吗？

（学生回答。）

教师：还会发生哪些变化？至此，水流溶蚀出了山峰，溶蚀出了地下洞穴和天坑，它裹挟着溶解后的碳酸盐离子四处流淌，穿过峡谷、穿过森林，但是石与水的化学反应并未停止，在适宜的条件下，水中的碳酸盐离子因为饱和而沉积，这便是第四道超级景观——钙华。著名的九寨沟、黄龙的钙华坝、钙华池等即是钙华堆积地貌的代表。

教师：峰、洞、坑、钙华，这便是中国南方喀斯特的四道超级风景，是最具代表性的部分。相继在 2007 年和 2014 年以"中国南方喀斯特"为名，入选《世界遗产名录》。

【设计意图】运用图像识别喀斯特地貌的钙华景观。

5. 升华提高

教师：作为大自然的创造之物，超级风景得到了世界的认同。那么，超级风景之中，会诞生怎样的超级工程？

教师：对喀斯特运用最巧妙的超级工程，当属近年蜚声中外的中国天眼（FAST），它是一个接收面积相当于 30 个足球场的大型射电望远镜，超大的口径令选址成为首要破解的难题。

中国天眼选址在贵州平塘。贵州平塘多喀斯特地貌，请同学们阅读第 68 页相关材料，思考并探究：

（1）简述大窝凼的气候和地貌特点。

（2）分析大窝凼在排水方面的优势。

（学生讨论，并思考。）

教师：贵州平塘的气候为亚热带季风气候，夏季高温多雨，年降水量较多。喀斯特地貌广布，洼地、峰林、溶洞发育普遍。天坑底部，多裂隙，岩石透水，雨水向下渗透，避免积水危害，排水条件好。

教师：由此案例，可说明喀斯特地貌具有什么特征？

学生：透水性好。

【设计意图】运用贵州平塘的案例，说明喀斯特地貌具有透水性好的特点。

(四)课堂总结

教师：同学们，通过本节课的学习，你们知道了什么是喀斯特地貌吗？可溶性的岩石在适当的条件下与水发生溶蚀或沉积作用所形成的各类地貌景观，是石与水在地表和地下共同作用的一幅幅绝美画面。下节课请大家以识别喀斯特的方法去识别其他地貌，开启地貌学习新的篇章。

六、板书设计

主要地貌的认识

可溶性岩石　　　　溶蚀力水

↓

喀斯特地貌

侵蚀地貌　　　　　沉积地貌

溶沟、峰、洞、坑　　石钟乳、钙华

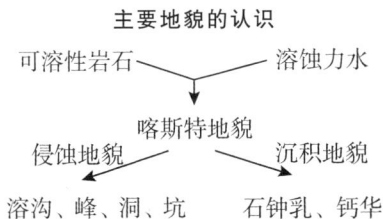

（注：本设计获邀参加 2021 年全国高中地理优质课展评。）

教学设计二

主要地貌的认识

左莉

一、教材分析

教材安排在必修 1 的第四章第一节,内容属于继大气圈、水圈之后第三个重要的圈层——岩石圈。本章只有两小节,认识常见的地貌类型是观察地貌的基础;而学习观察地貌的方法又有利于更好地观察几种常见的地貌类型,两者相辅相成。教材中没有出现"地貌"的基本概念,需要教师进行补充教学。

二、教学目标

综合思维:用多因素多角度综合分析射电望远镜的选址、丹娘地貌的形成过程等。

区域认知:了解各种地貌的分布范围或其次级地貌类型的分布区域,以及不同地区地貌的形成条件,对各种地貌的区域分布有初步认知。例如,世界上最大的射电望远镜(天眼)的选址、丹娘沙丘的形成过程等。

地理实践力:本课时以实践活动为核心,通过观察野外或户外地貌景观,观看视频、景观图等,培养学生的地理实践力。

三、教学重难点

(1)掌握观察地貌的手段,顺序以及内容。

（2）掌握喀斯特地貌、风沙地貌分布及其景观特征。

（3）了解喀斯特地貌：溶沟、洼地、峰丛、峰林、孤峰、残丘、钟乳石的形成过程。了解风蚀地貌、堆积地貌的成因。

四、教学过程

（一）视频导入

（教师播放展示祖国大好河山的视频。）

提问：刚刚短片中反映了哪些地理事物？

【设计意图】

（1）吸引学生兴趣，引入主题。

（2）通过图片展示地貌类型，让学生对每一种地貌有简单的认识。

（3）通过海岸地貌与冰川地貌的对比，得出观察的内容，为观察喀斯特地貌与风沙地貌做铺垫。

（二）地貌概念，地貌观察手段与地貌观察内容

教师：请大声齐读出地貌的概念。

【设计意图】落实加深学生对地貌的认识。

提问：大自然雕刻出千姿百态的地貌，如此繁多的地貌，怎样去认识和区分呢？可以通过哪些手段观察地貌呢？

【设计意图】启发学生思考有哪些观察手段。

教师：请区别海岸地貌与冰川地貌的分布，判断它们的物质成分是否相同，分析形成过程是否相同，简析成因。

提问：第一点观察分布特征，海岸地貌与冰川地貌的形态是否相似呢？第二点观察形态特征。请大家判断它们的物质成分相同吗？第三点观察物质组成。其形成过程相同吗？第四点成因简析。

【设计意图】以海岸地貌与冰川地貌做材料，分析并总结出地貌观察的内容。

(三)喀斯特地貌、风沙地貌的观察

(教师播放喀斯特地貌的景观。)

提问:我们将应用刚刚所学的观察方法来观察主要的地貌:喀斯特地貌和风沙地貌。首先,请同学们欣赏喀斯特地貌的美丽风光,并思考喀斯特地貌的分布以及主要岩石是什么。

【设计意图】通过短片找到喀斯特地貌的分布与岩石组成。

(教师拿出石灰岩请学生观察。)

提问:大家见过石灰岩吗? 可触摸桌上石灰岩,从硬度、颜色直观感知石灰岩。

【设计意图】现场展示实物,让学生近距离触摸感受石灰岩的颜色、硬度。

教师:石灰岩硬而脆,容易产生裂隙。在石灰岩上滴点碳酸,大家观察实验现象。

教师:在石灰岩上滴碳酸,有大量气泡产生,说明易溶于碳酸中。石灰岩含有碳酸钙,碳酸钙与碳酸反应。

(教师展示一块表面有凹槽的石灰岩,并请一位学生近距离观察。)

提问:碳酸将难溶的碳酸钙溶解为碳酸氢钙,这就是流水溶蚀作用。所以喀斯特地貌在中国又被称为岩溶地貌。石灰岩与水之间会发生怎样的故事,喀斯特地貌又将会形成什么景观呢? 请同学们观察这块表面有凹槽的石灰岩。

【设计意图】通过实验,让学生理解喀斯特地貌溶沟形成的过程。

提问:网格交错的部位,被溶蚀得更厉害,说明溶沟交错的部位溶蚀得越来越深,流水继续溶蚀,就会呈现中间低、四周高的什么景观呢?

【设计意图】启发学生理解喀斯特地貌洼地的形成。

提问:底部基座相连,就是峰丛。这种山有什么特点呢?

追问:在平原上只剩下一座山,这种就称为孤峰。继续溶蚀,山体会变得矮小,就是残丘。这些景观在地上还是在地下呢?

【设计意图】请学生弄清峰丛的特征,并引出喀斯特地貌地下景观。

教师:重庆也有许多溶洞,巴南的琵琶洞就是其中典型的代表。请这一周去实地考察琵琶洞的同学,分享在琵琶洞的所见所闻。

提问:进入溶洞之后,看见许多奇形怪状的石头,这些石头是什么颜色呢?

【设计意图】去实地观察溶洞,能更加立体直观地了解溶洞。

(教师展示在琵琶洞中照的照片并根据外形对其进行命名。)

教师:第一幅图从地底下长出来,像雨后春笋一般,所以,取名为石笋。第二幅图:像一根巨大的柱子,取名为石柱。第三幅图:水像从天而落的巨大的幕布,像教室中的什么呢? 像教室中的窗帘,称为石幔或者石帘。

提问:这些千奇百怪的钟乳石是如何形成的呢?

(引导学生观察在洞中拍到的滴水视频。)

追问:与普通滴水有什么不同吗?

【设计意图】环环询问,引出流水的沉积作用。

教师:拿出一块钟乳石,告诉学生一百年仅增长 1cm,需要上千年的时间才能形成。

【设计意图】自然馈赠给我们的这些奇观是多么的珍贵,多么来之不易,所以要加倍珍惜和保护。警示学生,当我们再次去溶洞内参观的时候,切勿发生不文明的旅游行为。

提问:根据探究,喀斯特地貌形成主要是流水的什么作用呢?

【设计意图】总结流水的溶蚀与沉积作用。

教师:请同学们阅读第 68 页相关材料,小组讨论并思考:

(1)简述大窝凼的气候和地貌特点。

(2)分析大窝凼在排水方面的优势。

提问:喀斯特地貌除了发展旅游业,还有没有成功应用喀斯特地貌的其他案例呢?

【设计意图】用案例说明喀斯特地貌具有透水性特征。

(教师播放风沙地貌的视频。)

提问:视频当中,我们看到许多地貌景观,请将你认为的地貌景观与名字匹配起来。

【设计意图】通过图片认识风沙地貌景观。

教师:用实验模拟风的吹蚀过程。

提问:这些景观是如何形成的呢?我们来一起探究。我这里有一些面粉、红豆,用来模拟干旱地区的沙石。请一位同学上来吹一口气,并观察现象。

【设计意图】让学生直观观察到吹蚀过程。

教师:再观察,这些物质被风从一处搬到另一处,是搬运作用。并且,大的在靠近地表搬运,小的在空中搬运。

提问:风搬运的碎屑物遇到突起的岩块会怎样呢?

追问1:一部分,在风力的作用下靠近凸起岩块。请两位学生进行演示凸起岩块靠近的摩擦的过程。这种摩擦出凹坑的就是磨蚀作用。哪里被磨蚀严重些呢?

追问2:根据磨蚀原理,解释石窝是如何形成的呢?

【设计意图】利用实验,让学生理解磨蚀作用和石窝形成过程。

教师:(展示风蚀蘑菇图片)请学生观察它的形态。

提问:请看风蚀蘑菇。它的形态是?

追问1:请结合风蚀作用知识推测风沙蘑菇的成因。

【设计意图】启发学生思考风蚀蘑菇的成因并推出风蚀地貌的概念。

(教师解释什么是堆积地貌并展示沙丘照片。)

教师:当风力减小时,搬运能力减弱,被搬运的沙石沉积下来,这种沉积具有分选性,大的先沉积,小的后沉积,粉沙沉积形成沙丘,这就是堆积地貌。

　　提问:请同学们看,这个沙丘像什么呢?

　　追问 1:新月形沙丘。新月形沙丘如何形成的呢?

　　【**设计意图**】启发学生思考新月形沙丘形成过程。

　　(教师展示丹娘沙丘图片。)

　　【**设计意图**】在雅鲁藏布江河谷地带和海岸地区也有沙丘。沙丘不仅分布在干旱地区,在多沙的河谷地区,植被稀少的沙质湖岸和海岸,也有风沙地貌。

(四)教师总结

　　总结:本节课学习了观察地貌的手段、顺序、内容,观察了喀斯特以及风沙地貌。下节课我们将沿用同样的方法学习河流地貌、海岸地貌与冰川地貌。

　　(**注**:本设计获 2020 年重庆市高中地理优质课比赛一等奖。)

教学设计三

擦亮眼睛防诈骗　保护信息记心间

龚世雪

一、教材分析

青少年是祖国的未来、民族的希望。近年来,针对青少年的诈骗问题层出不穷,引起社会广泛关注。加强青少年法治教育,是全面依法治国、加快建设社会主义法治国家的基础工程,是在青少年群体中深入开展社会主义核心价值观教育的重要途径。

综上,学校加强青少年法治宣传有助于将法治教育纳入国民教育体系,提高法治教育的系统化、科学化水平,贯彻习近平法治思想,宣传《中华人民共和国宪法》《中华人民共和国刑法》《中华人民共和国民法典》《中华人民共和国个人信息保护法》等法律法规内容。

二、教学目标

(1)核心素养:培养中学生对法律制度的政治认同。

(2)知识与技能目标:理解个人信息保护的法律条文;掌握个人信息的自我保护方法。

(3)过程与方法目标:培养用政治和法律知识分析保护未成年人个人信息的能力。

(4)情感态度价值观目标:树立法治意识,养成知法、守法、用法的习惯。

三、教学重难点

(1)教学重点：个人信息保护的法律条文及自我保护。
(2)教学难点：个人信息保护的意义。

四、教学过程

(一)情境导入

教师：同学们，关于高考后的你，关于十八岁，一定有很多美好的期待。

提问：请问你们想做些什么有意义的事情呢？

【设计意图】开课前的美好畅想，起到热身的作用，吸引学生，提高课堂的参与感和趣味性。

教师：我们关于十八岁的畅想都很美好，也可以去实现。但有一位十八岁的女孩，她和你们一样，寒窗苦读，可是却在高考后迎来了生命的终点。

提问：我们一起来看看在她身上发生了些什么？

【设计意图】用十八岁的徐玉玉案引出保护个人信息，特别是未成年的个人信息，富含知识逻辑。

(二)我们都是"透明人"

徐玉玉案：视频中山东高考考生徐玉玉因个人信息泄露，诈骗犯得知信息后电话告诉她会给她一笔助学金，要求她将9900元学费打入骗子提供的账号。发现上当受骗后，徐玉玉在报警后回家的路途中心梗而亡。

提问：个人信息泄露有哪些危害？我们发现个人信息泄露屡禁不止，且维权困难，原因是什么？

【设计意图】近年来缺乏保护的个人信息，经常遭到不法分子的利用。未成年人辨别能力较低，因此有普及相关法律知识的必要性。并且从相同身份的高中生徐玉玉说起,易引发学生共鸣,并具有生活实际性。

教师:个人信息的泄露就在一瞬间,我们定要多加警惕小心。生活中鱼龙混杂,不要轻易相信他人。维权艰难,我们有法律来做保护伞。

(三)个人信息有"法"护

(教师引出《中华人民共和国宪法》《中华人民共和国刑法》《中华人民共和国民法典》《中华人民共和国个人信息保护法》相关法律规定,形成知法、守法、用法的习惯。从中提炼出以人民为中心、全面依法治国等法治思想。)

教师:在《中华人民共和国个人信息保护法》中有三个亮点:

(1)我国首部专门关于个人信息保护的法律。

提问:隐私和个人信息有什么区别?

【设计意图】深入理解个人信息的概念范畴,与以往所学的隐私、隐私权做好区分,进一步提升知识理解的新高度。

(2)针对大数据杀熟,即利用个人信息进行自动化决策,规定不得对个人在交易价格等交易条件上实行不合理的差别待遇。

(3)个人信息保护采用过错推定原则。以前谁主张谁举证,现在谁侵犯谁举证。

【设计意图】展示个人信息保护相关法治历程,凸显以人民为中心、全面依法治国等思想。个人信息有主动泄露与被动泄露,面对这些情况如何维权。拓宽知识面,结合法律知识,增强学生的维权意识和辨别是非的能力。

(四)我的信息我来护

2021年"3·15"晚会上个人信息泄露成为最大痛点:智联招聘的个人信息被贩卖;人脸识别信息被提取滥用;珠海某教培中心利用"校讯通"获取10万条学生信息……

提问:如果你遇到以上问题,你会如何解决?请小组讨论三分钟,可从泄露前、泄露后的角度来思考。

【设计意图】从身边的信息泄露情况出发,让学生身临其境地感受消费者信息被泄露后遭到的损失情况。让学生明白,不仅个人信息要好好保护,而且面对他人信息也要提高警惕、分辨真假。多方面告诫未成年人要谨防诈骗,丰富未成年人的法律知识。

(五)总结提升

教师:立善法于天下,则天下治。立善法于一国,则一国治。一部部顺应最广大人民意愿,维护最广大人民利益的良法善法,正构筑起全面依法治国的坚固基石,凝聚起民族复兴的制度伟力,为实现"两个一百年"奋斗目标,实现中华民族伟大复兴的中国梦,提供更加坚实有力的法制保障。

【设计意图】让学生懂得个人信息有法律来保护,同时培养了学生的自我保护意识。

(**注**:本设计获重庆市第六届中小学法治教育优质课比赛一等奖。)

教学设计四

Sharing—"A Letter Home" Teaching Design

李婉

一、教材分析

(一)基于课标

主题语境:分享作为志愿者援教经历

语篇类型:书信　话题文章

语言知识:根据文本对援教学校和一个偏远山村大概情况的相关描述,强化重点词汇,用于理解巴布亚新几内亚贫困地区概况。分析语篇类型,帮助学生了解如何迅速抓取文章主旨大意。

文化知识:了解巴布亚新几内亚贫困地区学生及居民生活概况,思考志愿者工作的意义。

语言技能:通过说读看写等活动发展学生理解性技能和表达性技能。从语篇中提取主要信息,训练学生抓取语篇中细节描述及原因理解的能力。识别文章中的空间转换、话题转换,训练学生清楚地描述事件过程的能力。

(二)基于语料

What:人教版 2007 年版教材选修七第四单元阅读材料"A Letter Home"是一封写给朋友的家书,信中分享了作者在巴布亚新几内亚一个学校援教及探访当地一个小山村的经历。文章通过空间的变化及具体事件的刻画,向读者展示了当地教育资源的匮乏、教育观念的落后以及当地人贫穷、简朴、乐观的生活方式。

Why:以志愿者的视角,通过书信的方式介绍了当地教育的落后概况和人们的贫穷生活。

How:本文按空间顺序,从学校和山村两个不同角度展开,对巴布亚新几内亚的教育状况、居民生活条件、信仰、农业、家庭关系等进行了介绍,使读者了解当地在经济、文化、教育方面的落后现状,同时反思志愿者工作的意义。

二、教学目标

(1)通过引入部分及各活动环节中的生词呈现,引导学生重视语言基础,培养他们的**语言能力**。

(2)通过快速阅读,引导学生重视文本主题与语篇;通过细节阅读及信息提取,引导学生抓相关主要信息,获取文化知识,培养他们的主题意识、信息处理的能力和**文化意识**。

(3)通过分组讨论,引导学生对文本中的信息进行深度思考;通过线索总结的方式,引导学生梳理文本,形成明确的线索,优化他们的归纳总结的能力,培养他们的思辨能力,发展**思维品质**。

(4)通过思考志愿者的意义,选择具体语境分享志愿者计划,培养学生的**迁移创新能力**。

(5)通过课前分享学习目标和课后学习反思,引导学生养成目标意识,同时及时反思学习方式和效果,发展他们的学习策略,提升他们的**学习能力**。

三、教学重难点

(一)教学重点

(1)引导学生提取有效信息,了解学校和山村概况。

(2)引导学生深入思考细节,关注文章语言文本。

(3)通过分散处理—线索总结,帮助学生理清文章主干及思路。

(4)通过一系列融语言、思维、文化为一体的学习活动,发展学生英语学科核心素养。

(二)教学难点

(1)本文以空间顺序展开,文章较长,细节信息比较分散,学生要有效地掌握细节及构建整体有一定难度。

(2)在40分钟的有限课堂时间内,既要完成对课堂知识的完整建构,还要达成学生对本堂课所学知识的迁移与创新,具有一定难度。

四、教学过程

Stage I Pre-reading

课堂活动 1:Watching a short video

活动设计:教师通过播放志愿者短视频,让学生直观地感受什么是志愿者,再通过提问的方式,引导学生积极思考,得出志愿者的定义。

【设计意图】感知主题,注意话题。

围绕本节课主题创设情景,通过短视频展示引发学生积极思考,对志愿者形成初步了解。

课堂活动 2:Skimming for the main idea of the letter

活动设计:教师以主人公的身份带领学生走进本文,并引导学生快速浏览第一段,了解这封家书中的主要内容。

What is the purpose of this letter?

A. I wanted to share with Rosemary my voluntary life in PNG.

B. I wanted to tell Rosemary my learning life in the high school.

C. I wanted to tell Rosemary that the school was poor.

D. I wanted to tell Rosemary how happy I was in the village.

New words：

Be dying to 极想，渴望

【设计意图】激发兴趣，了解大意。

教师通过第一人称的方式把学生带入文本学习，激发学生好奇心并了解本文文体。主旨大意是高考题型之一，这样的训练，旨在引导学生学会如何从整体上把握文章，学会抓关键词，训练阅读技能，为高考做准备。

Stage II While-reading

课堂活动 3：Prediction 1 and fast-reading

活动设计：要求学生浏览图片 1－3，通过猜测引出本文分享的第一个场景——学校。通过快速阅读找出相关信息，了解学校的基本概况。

It is a _____ school and I walk to school down a _____ track. The students have to walk about _____ hours to get to school. There is no _____ or _____ and even no _____ either.

【设计意图】预设问题，整体把握。

运用认知策略，根据图片信息预测和理解篇章主要内容，了解大致情况，为理解本节细节埋下伏笔。

课堂活动 4：Puzzle solving

活动设计：以小组为单位，分析文本，关注细节，讨论老师提出的两个疑难问题，在文章中找到相应描述，并学会总结。

（1）Why did the boys jump out of the windows in the science lesson?

（2）Why did Jo wonder how relevant chemistry was to boys?

New words：

relevant 有关的，相关的　　bubble 冒泡

make any difference 有影响，起作用

【设计意图】关注文本,细节理解。

引导学生在阅读过程中不仅要抓整体,还要学会细致地处理文本,深入思考,善于质疑,也能够答疑,并能根据文本信息进行总结归纳。

课堂活动 5: Prediction 2 and judgement

活动设计:要求学生浏览图片 4—10,通过猜测引出本文分享的第二个场景——山村。通过快速阅读判断本节所涉及的八个主要话题。

Types of houses ( )	Diet ( )
Clothes ( )	Beliefs ( )
Sleeping arrangements ( )	Vehicles ( )
Possessions ( )	Snacks ( )
Cooking methods ( )	Agriculture ( )
Language ( )	Family relationships ( )

New words:

belief 信任,信仰　　　possession 占有,所有,财产

【设计意图】预设问题,整体把握。

运用认知策略,根据图片信息预测和理解篇章主要内容,从整体上把握本节八个主要话题,为下阶段细节理解打基础。

课堂活动 6: Detailed information

活动设计:以小组为单位,分析文本,关注细节,讨论老师提出的两个关于当地人的奇怪表现的问题,在文章中找到相应描述,并学会总结。

(1)Why did Tombe's mother cry "ieee ieee "when she saw Jo?

A. She didn't know how to address Jo.

B. It was a way to show her excitement.

C. She warmly welcomed Jo.

D. She couldn't speak English fluently.

（2）The tin can was standing upside down on the grill，because

_____.

A. The can was heated to dry out the leftover food.

B. It served as a game to play with the guests.

C. It was a way to reserve food for long.

D. In case the leftovers would attract evil spirits in the night.

New words：

Upside down 上下颠倒　　dry out 烤干，干涸

leftover 剩菜　　evil 邪恶的

【设计意图】关注文本，细节理解。

引导学生在阅读过程中不仅要抓整体，还要学会细致地处理文本，深入思考，善于质疑，也能够答疑，并能获取正确文本信息，剔除干扰信息并进行总结归纳。

运用实践类活动

Stage III Post-reading

课堂活动 7：Summary

活动设计：通过学生分部分阅读及黑板上的线索提示，引导学生回顾课文主要内容，形成明显的线索，构建完整的志愿者活动结构。

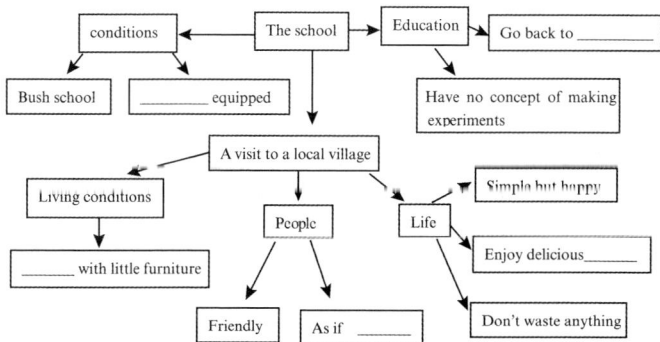

【设计意图】梳理文本,建立关联。

引导学生在获取和梳理文本信息的过程中,培养学生的逻辑思维能力和归纳总结的能力,建立信息间的关联。

迁移创新类活动

课堂活动 8: Further thinking and preparing to volunteer

活动设计:通过引导学生思考志愿者工作的意义以及在此过程中的收获,激励学生选择一种情景进行志愿者活动。小组合作讨论应该怎样去帮助他人,列举具体措施以及陈述原因,由小组成员集体展示讨论成果。

Situation A:Those kids in remote rural areas are eager for knowledge,but they lack good classrooms,teaching equipment, books even teachers.

Situation B:The houses of the villagers are too worn-out to live in,but they get no help to repair them.

Situation C:The old live poorly and singly without regular income.

We'd like to choose situation _____ ,because _____

We plan to

(1) _____

(2) _____

(3) _____

(4) _____

【设计意图】发展思维,迁移创新。

激发学生的深层次思考能力,调动学生的潜能,组织开放的语言实践活动。培养学生的思辨能力,为学生综合运用语言技能,理性表达观点、情感和态度,实现深度学习,促进能力向素养的转化提供平台。同时为学生展现自我、挑战自我、突破自我和相互学习创造学习环境。

课堂活动 9:Reflection

活动设计:学生完成对学习目标、学习过程以及学习策略的反思评价表。

课堂学习反思评价表(Tick √)

Items For Reflection	Agree	Partly Agree	Disagree
Have I known the text type?			
Have I grasped brief conditions of the school and village mentioned in the text?			
Can I recall the main events in English?			
Was I active in group work?			
What do I still need to practice in the future?			
_____			
_____			

【设计意图】反思评价,以评促学。

通过反思评价表帮助学生认识自我,引导他们学会评判和调整自己的英语学习过程及学习方式,通过自我评估,达到以评促学的目的。

课堂活动 10:Assignment

Think about your list carefully,discuss and correct it again and form a voluntary plan.

【设计意图】内外结合,知行合一。

巩固课内所学,在课后进一步思考所学知识和能力,强化语言文字的输出,完善课堂任务要求并形成规范的、有逻辑性的书面文字。

(注:本设计获 2021 年第十五届全国高中英语教师教学基本功大赛一等奖。)

教学设计五

A Letter of Complaint

宋青玲

一、Teaching material analysis

The main idea of the class is how to write a letter of complaint. The reading dialogue is about my complaints about the bad service in the restaurant. After finishing the reading tasks, students are supposed to conclude the writing structure and some useful sentence patterns. The focus in this reading is to prepare the useful expressions for a letter of complaint. After that, the students will be asked to write a letter for making complaints using polite forms in class. The material itself is not very difficult, but it may be hard for students to put the useful sentence patterns and writing structure into practice.

二、Teaching aims

1. Knowledge goals

(1)Grasp the useful words, expressions and sentence structures in the dialogue.

(2)Master some linking words to make the composition logically.

2. Ability goals

(1) Train the students' reading skills and instruct them to read for specific information.

(2) Get the students to use what they have learned to make complaints politely.

3. Emotional goals

(1) Arouse the students' awareness of seeking the correct ways to make complaints.

(2) Stimulate the students' spirit of cooperation and teamwork.

三、Teaching important and difficult points

1. Teaching important points

(1) Guide the students to get the useful expressions and writing structure.

(2) Encourage the students to express their ideas freely.

2. Teaching difficult points

(1) Instruct the students to use sentence patterns to make complaints.

(2) Get the students to know how to organize the letter logically.

四、Teaching procedures

Step 1 Lead-in

Teacher's activity：

1. Greeting and showing the students some pictures about "my travelling".

2. Ask the students to find the problems "I" met with in the restaurant.

Purpose of designing:

Arouse the students' interest in the topic and let them prepare for reading "my complaints".

Step 2 Pre-writing

Teacher's activity:

(1)Ask the students to read the dialogue as soon as possible and answer the following questions:

①What did I complain about? (3 points)

②What effect will the unfresh food cause? (2 points)

③What did I expect the manager to do? (2 points)

(2) Ask the students to read the letter more carefully and encourage them to underline the sentence patterns "I" used to express "my complaints" in the dialogue.

(3)Share more useful expressions with students.

Purpose of designing:

(1)Instruct the students to read for specific information and try to conclude the writing structure by themselves.

(2)Guide the students to prepare the structure and sentence patterns for writing.

Step 3 Writing

Teacher's activity:

(1)Divide the whole class into 7 groups.

(2) Ask the students to change the dialogue into a letter of complaint.

(3)Walk around the class and help the students with problems.

Purpose of designing:

(1)Get the students to make complaints by using what they have learned today.

(2)Cultivate the students' innovative thinking and stimulate the students' spirit of cooperation and teamwork.

Step 4 Post-writing

Teacher's activity：

(1)Ask the students to assess the writing they get according to the Group Assessment Sheet.

(2)Invite some students to present their compositions and make a comment.

Purpose of designing：

Appreciate the writing of others.

Step 5 Summary

Teacher's activity：

Make a short summary.

Purpose of designing：

Consolidate what they have learned today in this class.

Step 6 Homework

Teacher's activity：

Ask the students to write a letter of complaint to Mr. Tang to solve the problem that some minibuses illegally carry students at the school gate.

Purpose of designing：

Find out the problems in writing and strengthen things learned.

（**注**：本设计获 2021 年第十五届全国高中英语教师教学基本功大赛一等奖。）

教学设计六

指数函数

江一

本节课的内容是人教版高中数学必修一第三章第三节"指数函数"的第一课时——指数函数的定义,图象及性质。新课标指出,学生是教学的主体,教师的教应本着从学生的认知规律出发,以学生活动为主线,在原有知识的基础上,建构新的知识体系。我将以此为基础,从下面这几个方面加以说明。

一、教材的地位和作用

本节课是学生在已掌握了函数的一般性质和简单的指数运算的基础上,进一步研究指数函数,以及指数函数的图象与性质。它一方面可以进一步深化学生对函数概念的理解与认识,使学生得到较系统的函数知识和研究函数的方法,同时也为今后进一步熟悉函数的性质和作用,研究对数函数以及等比数列的性质打下坚实的基础。因此,本节课的内容十分重要,它对知识起到了承上启下的作用。

此外,指数函数的知识与我们的生产、生活和科学研究都有着紧密的联系,尤其体现在细胞分裂、贷款利率的计算和考古中的年代测算等方面,因此学习这部分知识还有着广泛的现实意义。

二、教学目标

（1）通过课例列举、形式总结，掌握指数函数的概念；在作图过程中，掌握指数函数的图象和性质，并会简单应用；获得研究函数的规律和方法。

（2）在知识形成的过程中培养学生观察、联想、类比、猜测、归纳等思维能力；在完善知识的行径上体会数形结合思想、分类讨论思想，增强学生识图用图的能力。

（3）通过让学生自主探究，体验特殊→一般→特殊的认知过程，了解指数函数的实际背景；通过学生亲手实践，互动交流，激发学生的学习兴趣，努力培养学生的创新意识，提高学生抽象、概括、分析、综合的能力。

三、教学重难点

（1）教学重点：研究指数函数的图象和性质。

（2）教学难点：弄清底数 a 对函数图象的影响，清楚认知底数 a ＞1 和 1＞a＞0 时函数图象的不同特征，能构造指数函数并利用它的性质比较大小。

四、学情分析及教学内容分析

1. 学生知识储备

通过初中学段的学习和高中对集合、函数等知识的系统学习，学生对函数和图象的关系已经构建了一定的认知结构，主要体现在三个方面。

知识方面：对正比例函数、反比例函数、一次函数、二次函数等最简单的函数概念和性质已有了初步认识，能够从初中运动变化的角度认识函数初步转化到从集合与对应的观点来认识函数。

技能方面：学生已基本掌握采用"描点法"描绘函数图象的方

法,能够为研究指数函数的性质做好准备。

素质方面:对由观察到抽象的数学活动过程已有一定的体会,已初步了解了数形结合的思想。

2.学生的困难点

本节内容思维量较大,对学生思维的严谨性和分类讨论、归纳推理等能力有较高要求,但学生在探究问题以及合作交流等方面发展不够均衡,所以学习起来有一定难度。

五、教法分析

本节课我采用引导发现式的教学方法。通过教师在教学过程中的提问和小结,启发学生通过主动观察、主动思考、动手操作、自主探究来达到对知识的发现和接受。

六、教学过程

根据新课标的理念,将整个的教学过程分为六个阶段:①情境设置,形成概念;→②解决问题,深化概念;→③探究图象,总结理解性质;→④强化训练,落实掌握;→⑤小结归纳;→⑥布置作业。

(一)创设情境,导入新课

教师:同学们,现在天气寒冷,我们偶尔会感冒流鼻涕,流鼻涕的时候就会用到纸,为了让纸变得厚一些,我们会进行对折。

提问:对折的目的是什么呢?

活动:请同学们对折桌上的纸,并得出如下两个结论。

观察:①对折的次数 x 与所得的层数 y 之间的关系,得出结论 $y = 2^x$;

②对折的次数 x 与折后面积 y 之间的关系(记折前纸张面积为1),得出结论 $y = \left(\dfrac{1}{2}\right)^x$。

【设计意图】(1)让学生在问题的情景中发现问题,引导学生在简单的具体问题中抽象出共性,体验从简单到复杂,从特殊到一般的认知规律,从而引入指数函数。(2)让学生感受我们生活中存在这样的指数函数模型,便于学生接受指数函数的形式。

(二)自主探究,形成概念

教师:同学们,通过大家的观察,你们发现这些数据都有什么形式上的特点吗?

学生:都是 2 的次幂或者 1/2 的次幂。

提问:你还能举一些这样的例子吗?

追问 1:可否用数学式子来表示他们呢?

定义:形如 $y = a^x (a > 0$ 且 $a \neq 1)$ 的函数称为指数函数,定义域为 $x \in \mathbf{R}$。

追问 2:刚才同学们所举例的指数函数不同在于底数不一样,请问底数可以取哪些值呢? 它是否也有自己的范围呢?

【设计意图】让学生思考,引导学生分 $a < 0, a = 0, a < 1, a > 0$ 四部分讨论,完善概念。通过对 a 的范围的具体分析,有利于学生对指数函数一般形式的掌握,同时也为后面研究函数的图象和性质埋下伏笔。

(三)发现问题,深化概念

教师:结合我们刚才的讨论和完善,请同学们完成下面问题。

问题 1. 判断下列函数是否为指数函数。

① $y = 4^x$ (　　);　　　　② $y = -4^x$ (　　);

③ $y = (-4)^x$ (　　);　　　④ $y = \pi^x$ (　　);

⑤ $y = 4x^2$ (　　);　　　　⑥ $y = 2 \cdot 3^x$ (　　);

⑦ $y - 2^{2x}$ (　　);　　　　⑧ $y = 2^{x+1}$ (　　)。

【设计意图】通过对这些函数的判断,进一步深化学生对指数函数概念的理解。指数函数的概念与一次、二次函数的概念一样都是形式定义,也就是说必须在形式上一模一样才行,即在指数函数的表达式中 $y = a^x (a > 0$ 且 $a \neq 1)$。

问题 2.已知 $y = f(x)$ 是指数函数,且 $f(2) = 4$,求函数 $y = f(x)$ 的解析式。

(四)深入研究,理解性质

指数函数是学生在学习了函数基本概念和性质以后接触到的第一个具体函数,所以在这部分的安排上,要更注意学生思维习惯的养成,即应从哪些方面、哪些角度去探索一个具体函数,本课设置了两个环节。

第一环节:分三步

(1)让学生作图;

(2)观察图象,发现指数函数图象的特征;

(3)归纳整理函数性质。

教师:同学们刚才的回答都非常正确,用定义来解释,有理有据。我们得到了一个新的函数,按照以往研究的顺序,接下来我们应该研究这个函数的什么呢?

追问 1:画函数图象的基本方法是什么?

追问 2:有哪些步骤呢?

【设计意图】(1)通过以前研究函数的方式来研究新的函数,认知过程更加流畅;通过描点法作图让学生切身感受指数函数的各种图象,从整体上有一个初步的认识,方便下一个环节的进一步讨论和完善。(2)在作图和观察的过程中强化数形结合思想,物化函数性质。

第二环节:

教师:这是某某同学用描点法作的图象,我们一起来欣赏和对比一下。

提问:从这五张图中,你们发现了哪些特点?

【设计意图】利用观察所得特征,完成指数函数的性质表格,再次提升学生的数形转化能力。

底数	$0 < a < 1$	$a > 1$
图象		
定义域	**R**	**R**
值域	$(0, +\infty)$	$(0, +\infty)$
性质	2 $(0,1)$	
	减	增

教学活动:利用多媒体教学手段,通过几何画板演示底数 a 取不同的值时的图象,让学生观察函数图象的变化特征,归纳总结:$y = a^x$ 的图象与性质。

(五)强化训练,落实掌握

例 1:学习了指数函数的概念,探究出它的性质以后,再回到本节课开头的问题,解决引例问题。

例 2:比较下列各题中两值的大小。

(1) $(4/3)^{-0.23}$ 与 $(4/3)^{-0.25}$;

(2) $(0.8)^{2.5}$ 与 $(0.8)^3$;

方法指导:同底指数不同,构造指数函数,利用函数单调性解决。

(3) $\left(\dfrac{1}{4}\right)^{0.8}$ 与 $\left(\dfrac{1}{2}\right)^{1.8}$;

(4) $\left(\dfrac{8}{7}\right)^{-\frac{3}{7}}$ 与 $\left(\dfrac{7}{8}\right)^{\frac{5}{12}}$;

方法指导:不同底但可化同底,也化归为第一类型利用单调性解决。

(5) $(3/4)^{2/3}$ 与 $(5/6)^{2/3}$;

(6) $(-2.1)^{3/7}$ 与 $(-2.2)^{3/7}$;

生命力课堂的教学艺术

方法指导:底不同但指数相同,结合函数图象进行比较,利用底大圈高。"一"是学生的易错易混点。

(7)$(0.3)^{-3}$与$(2.3)^{2/3}$;

(8)$1.7^{0.3}$与$0.9^{3.1}$.

方法指导:底不同,指数也不同,可采用:①估算(与常见数值比较如(8));②中间量,如(7)$(10/3)^3〔(10/3)^{2/3}$或$(2.3)^3〕(2.3)^{2/3}$。

练习:已知下列不等式,比较 m 和 n 的大小。

(1)$2^m<2^n$;   (2)$0.2^m>0.2^n$;

(3)$a^m>a^n(a>0$ 且 $a\neq1)$;   (4)$2^m=3^n$.

【设计意图】(1)(2)题考察学生对指数函数单调性的应用(逆用单调性);(3)题建立学生分类讨论的思想;(4)题培养学生灵活运用图象的能力。

(六)归纳总结,拓展深化

教师:本节课我们研究了指数函数的概念和图象,透过图象还总结了它的性质,请同学们从知识和方法上谈谈对这一节课的认识与收获。

知识上:学习了指数函数的定义、图象和性质以及应用。抓住底数 $a>1$ 和 $1>a>0$ 时函数图象的不同特征和性质是学好本节的关键。

方法上:经历从特殊→一般→特殊的认知过程,从观察中获得知识,同时了解了指数函数的实际背景和和研究函数的基本方法;体会了分类讨论思想、数形结合思想。

教师:最后,为帮助同学们更好地记忆,老师用一句精彩的口诀来结束指数函数性质的探究:

左右无限上冲天,永与横轴不沾边。

大 1 增,小 1 减,图象恒过$(0,1)$点。

(注:本设计获重庆市第六届高中数学青年教师优质课大赛一等奖。)

教学设计七

DNA 的复制

于春月

一、教材分析

本节课内容是人教版生物学必修二第三章第三节,DNA 分子的结构和复制是遗传学的根本理论,DNA 的复制一课是在 DNA 结构的基础上,进一步说明 DNA 通过复制传递遗传信息的功能。详细内容有:DNA 复制方式的探究历程,复制的概念、时间、场所、条件、过程、特点、意义。学好这一课时,对学生深入认识遗传的本质是特别重要的。DNA 的复制与细胞的有丝分裂、减数分裂以及基因突变等内容有紧密联系,因此本节课在教材中占有重要的地位。

二、教学目标

(1)简述 DNA 复制过程;通过比较亲代与子代 DNA 碱基排列顺序,能说明 DNA 复制的生物学意义,复制的时间、场所等基础知识。

(2)运用假说演绎法对 DNA 分子两种复制方式进行演绎、推理,强化学生提出问题、分析问题、解决问题的能力。

(3)认同结构与功能相统一的生物学观点;体验科学家认识 DNA 复制的探究过程,感悟科学探究的魅力。

三、教学重难点

(1)教学重点:运用假说演绎法对 DNA 分子两种可能的复制方式进行演绎、推理。

(2)教学难点:DNA 分子复制的过程。

四、教学过程

(一)情境导入

播放蜡笔小新的视频。视频中蜡笔小新提出的问题是:蜡笔小新的爸爸妈妈的 DNA 并没有因为给了蜡笔小新而减少,这是为什么呢?

教师:同学们,这是为什么呢?

【设计意图】激发学生兴趣,导入新课,也为最后总结 DNA 复制的意义埋下伏笔。

(二)谁与成双——DNA 的复制方式

教师:沃森和克里克在提出 DNA 双螺旋结构的短文的末尾写道:值得注意的是,我们提出的这种碱基特异性配对方式,暗示着遗传物质进行复制的一种可能的机制。

问:这种可能的机制是怎样的呢?

【设计意图】让学生结合上节课 DNA 的结构和材料中的信息,积极主动地思考"这种可能的机制"。不一定能得到学生确切的回答,旨在点出接下来主要探究的问题,激发学生的思考和兴趣。

(教师根据学生的回答进行点评,并阐述沃森和克里克在论文中所提出的半保留复制假说的内容:DNA 复制时,DNA 双螺旋解开,互补的碱基之间的氢键断裂,解开的两条单链分别作为复制的模板,游离的脱氧核苷酸根据碱基互补配对原则,通过形成氢键,结合到作为模板的单链上。并利用教具进行演示。)

教师:请同学们根据教师给出的提示,大胆想象,并提出关于

DNA复制其他可能的复制方式。

【设计意图】让学生发挥科学思维,大胆想象,培养学生的创造力。

教师:当时科学家们对半保留复制方式是持怀疑态度的,因为DNA双螺旋模型非常的稳定,所以就存在一个最大的问题:双链是如何打开的? 沃森和克里克也承认这是"最大的问题"。(引导学生根据提示思考DNA复制的其他可能机制,学生就能够提出全保留复制,并请学生利用教具进行演示。)

探究活动一:利用资料包,在软白板上构建半保留复制、全保留复制,从子一代DNA到子二代DNA的模型图。

【设计意图】让学生初步感知DNA的复制方式,对半保留复制和全保留复制的方式进行演绎推理。学生完成探究活动后,展示并相互评价。

教师:两种假说,要想证明哪种假说是对的,就需要设计实验来验证了。1958年梅塞尔森和斯塔尔设计了号称生物学史上最漂亮的实验来验证DNA的复制方式。请同学们带着以下两个问题,仔细观看实验视频。

问题1:用什么方法区分的母链和子链?

问题2:用什么方法分开亲代DNA分子和子代DNA分子?

【设计意图】学生带着问题去观看视频,具有明确的目标,观看效果会更好,这也突破了该实验的难点。

(教师以问题1,2为线索,说明DNA被^{14}N、^{15}N标记的情况并引出DNA分离后的三种条带。设计学生探究活动二,小组活动完成后展示并相互评价。)

探究活动二:用资料包中的马克笔,在模型图旁边的离心管中,画出每代DNA分子离心后,离心管中条带的位置,并写上条带的名称。

【设计意图】根据假说演绎法的科学探究思路,引导学生一步一步得出预期的实验现象,发展了科学思维。

教师:这些是演绎推理出的预期实验现象,哪种会是真实的实验现象呢? 请看梅塞尔森－斯塔尔的实验结果。

问:这个图是什么意思呀? 怎么不是试管中 DNA 条带图呀?

追问 1:孩子们,DNA 在试管中出现的条带,我们肉眼能看见吗?

追问 2:那怎么办呢?

教师:充满智慧的梅塞尔森和斯塔尔就利用 DNA 能强烈吸收紫外光的特性,用紫外光照射离心管,紫外光透过离心管在感光胶片上记录 DNA 带的位置,可以显示出离心管内不同密度的 DNA 带。

问:请大家将该实验结果与演绎推理出的两种预期实验现象进行对照,哪种与实验结果相吻合呢?

【设计意图】这里选择梅塞尔森和斯塔尔实验原图,而不是 DNA 条带图形的原因,是想还原科学背景,让学生知道科学探究困难重重、问题多多,但是要不怕困难、善于思考、拥有解决问题的能力。

教师:我们就可以根据实验现象,分析实验结果,得出实验结论:DNA 复制方式是半保留复制。但是,老师回顾实验过程的时候,发现一个问题,那就是将两种复制方式的预期实验现象和实际的实验结果相对照。

问:哪一代实验结果对证明半保留复制起着最关键的作用?

追问:为什么梅塞尔森和斯塔尔还要进行子二代、子三代、子四代的实验?

【设计意图】尊重科学事实,引发学生深层次的思考,学习科学家们面对科学探究严谨的科学思维。同时会涉及 DNA 复制的相关

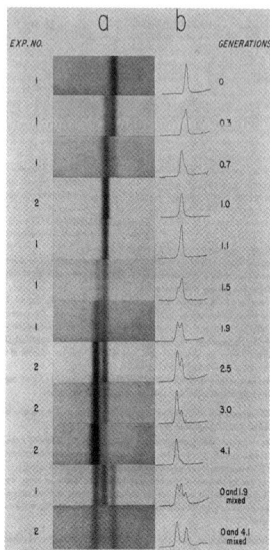

计算,在这里完成教学。

教师:科学实验既要证实,也要证伪。证明真理,也要证明伪论。回看 DNA 复制方式的探究历程,科学家们对 DNA 的复制方式提出不同的假说,然后设计实验,演绎推理出预期的实验现象,再与实验的真实结果进行比较分析,最后得出结论,这种科学探究方法就是假说演绎法。

问:由 DNA 的半保留复制方式,得出 DNA 复制需要模板,谁作为模板?

追问 1:通过复制得到什么?

追问 2:DNA 复制的概念就是什么?

【设计意图】总结 DNA 复制的探究过程,得出 DNA 复制的概念。这样使概念具体化、过程化。

(三)团队协作——DNA 复制的过程

教师:DNA 复制的方式确定是半保留复制,具体的复制过程是怎样呢?在哪里完成复制?需要哪些原料、酶等条件? DNA 复制过程的初探究:阅读资料 1,2,3,分析 DNA 分子复制所需的基本条件、场所、时间。

资料 1 科学家将草履虫放在 ^{32}P 标记的脱氧核苷酸培养液中,一段时间后,在细胞核中首先发现有标记的 DNA 分子。

资料 2 科学家通过生化分析得知,细胞分裂间期细胞中脱氧核苷酸含量开始时很低,不久含量急剧增加,随后又逐渐降低到初始水平。随着脱氧核苷酸含量的动态变化,DNA 聚合酶的活性显著增高。

资料 3 1956 年 Kornberg 将从大肠杆菌中提取出的 DNA 聚合酶加入具有四种丰富的脱氧核苷酸和适量 Mg^+ 的人工合成体系中,没有发生 DNA 的合成。当加入了少量 DNA 分子作为模板和 ATP,经保温孵育后,测定其中 DNA 含量。发现其中 DNA 含量增加了,并且 DNA 的 $(A+T):(C+G)$ 的比值与所加入的少量 DNA

分子的相同。

【设计意图】培养学生分析资料,获取有用信息的能力。

教师:DNA 复制过程再探究,DNA 复制到底是怎样的一个动态过程呢? 请大家观看视频,并尝试总结 DNA 复制过程的基本步骤。

【设计意图】DNA 复制是一个非常复杂的过程,用视频展示DNA 复制的过程会更加的形象具体,更利于学生理解 DNA 复制的过程。

教师:总结 DNA 复制过程大致分为三步,首先 DNA 的双螺旋结构会在解旋酶的作用下,氢键断裂,双螺旋解开成两条 DNA 单链,这个过程称为解旋。然后这两条 DNA 单链都会作为模板链,游离的脱氧核苷酸就会遵循碱基互补配对原则结合到模板链上,在DNA 聚合酶的作用下形成与模板链互补的子链,这个过程称为合成子链。最后,子链就与模板链(母链)复旋为双螺旋结构,这个过程称为复旋。这样,1 个亲代 DNA 分子通过复制就得到两个一模一样的子代 DNA 分子。为了帮助大家理解 DNA 复制的过程,把DNA 复制的过程人为地分为三步,但是这样的理解是比较片面的。(展示一个 DNA 复制的动态图)可以明显地看出来 DNA 复制的过程是边解旋边复制的,这也就是 DNA 复制的一个特点:边解旋边复制。

问:DNA 复制一次,可得到两个和亲代 DNA 的碱基排列顺序完全一样的子代 DNA 分子,为什么 DNA 复制可以如此准确地进行呢?

【设计意图】得出 DNA 复制具有准确性的原因。

(四)总结提升

问:本节课学习了 DNA 复制的哪些知识? 学习 DNA 复制有什么意义呢?

教师:还记得本节课开始时,视频中蜡笔小新的 DNA 来自爸爸妈妈,小新爸爸妈妈的 DNA 来自他们的爸爸妈妈。你看,DNA 复制使遗传信息连续传递,这就是 DNA 复制的生物学意义——连续性。

【设计意图】结合本节课的导入视频,首尾连接。感知 DNA 复制的意义,认同 DNA 复制对保持遗传信息的连续性。进行知识小结,构建知识框架,领悟 DNA 复制的意义。

教师:生物遗传信息通过 DNA 复制得以代代相传,从而保证了遗传信息的连续性,璀璨的知识文化也渴望被匠心延续。希望你们现在学好文化知识,将来不仅成为文化的传承者,还能进一步发展文化,承前人之智,传后世以才!

(**注:**本设计获 2021 年重庆市优质课大赛一等奖。)

教学设计八

芒　种

唐萍

一、教材分析

宏观上,节气是指二十四个时节和气候,是中国古代订立的一种用来指导农事的补充历法,是中华民族劳动人民长期经验的积累成果和智慧的结晶。

由于中国古代是一个农业社会,农业需要严格了解太阳运行情况,农事完全根据太阳进行,所以在历法中又加入单独反映太阳运行周期的"二十四节气"。二十四节气分别为:立春、雨水、惊蛰、春分、清明、谷雨、立夏、小满、芒种、夏至、小暑、大暑、立秋、处暑、白露、秋分、寒露、霜降、立冬、小雪、大雪、冬至、小寒、大寒。

2016 年 11 月 30 日,中国二十四节气被正式列入联合国教科文组织人类非物质文化遗产代表作名录。

芒种是二十四节气中的第 9 个节气,在每年公历 6 月 6 日前后,中国中部地区农业上多忙于夏收夏种。本节课旨在从生物的角度介绍芒种,除了介绍芒种的时间点、由来、物候等基本知识以外,重点是围绕五谷的识别和水稻适应水生环境的结构进行探究,突出生物与环境相适应这一特点。

二、教学目标

(1)了解芒种的由来及三候,感受芒种的基本特征。

（2）通过学习制作临时装片,培养学生的动手能力。

（3）通过观察莲藕和水稻的气腔,形成生物与环境相适应的观点。

三、教学重难点

（1）教学重点:探索水稻适应水生环境的结构特征。

（2）教学难点:学习制作临时装片,观察水稻的气腔,形成生物与环境相适应的观点。

四、教学过程

(一)情境导入

（教师播放电视剧《红楼梦》中的视频片段。）

提问:视频中姑娘们在送花神,你知道送花神是哪个节气的习俗吗?

【设计意图】以《红楼梦》的经典片段吸引学生注意力,从芒种习俗送花神引入本节主题——芒种。

(二)芒种"述"概况

1.芒种时间点

教师:芒种是夏季的第 3 个节气,标志着仲夏时节的正式开始。芒种的时间点在每年的 6 月 5 日—7 日之间,此时太阳到达黄经 75 度。2020 年的芒种节气于 6 月 5 日上午 12 点 58 分开始,于 6 月 21 日 5 时 43 分结束,约 15 天。

2.芒种由来

提问:同学们知道为什么这个节气叫芒种吗? 谁在忙? 忙什么呢?

教师:芒种节气是一个典型的反映农业耕作的节气。这个时节农民忙着抢收小麦等夏熟作物,忙着抢种水稻、豆类等夏播作物,而春天种下的玉米、棉花等作物正进入生长高峰,也需要管理。收、种、管交叉,是一年中农民最忙的季节,所以"芒"同"忙"。

小组活动:观察小麦的芒和水稻的芒。

【设计意图】通过观察小麦的芒和水稻的芒,理解芒种的另一层含义是"有芒的小麦快收,有芒的水稻可种。"

3.芒种气候

提问:同学们,最近重庆的气候有什么变化呀?

教师:老师统计了重庆在芒种前后气候变化的数据,请大家认真观察图表并思考,进入芒种后,重庆气候有何特征?

【设计意图】通过问题引导学生观察图表,结合学生自身对气候变化的感知,总结芒种气候的特征——进入芒种节气,全国大部分地区都表现出气温渐升、降雨量增多的特点,但各地区的气候依然有所差异。

(三)芒种"观"物候

1.观重庆物候

提问:进入芒种节气,重庆周边有哪些较典型的物候现象呢?哪位同学来说说你看到的物候现象?

学生:栀子花、黄果兰、睡莲、美人蕉、芒种花等花都开得很绚烂,李子、杏子、桃子等水果成熟,茄子、四季豆、藤藤菜、豇豆等蔬菜成熟。

2.观芒种三候

提问:这些都是发生在我们身边的物候现象,那么,古人通过长期的观察,总结出的芒种物候现象又是怎样的? 让我们一起去看看。

(1)芒种一候,螳螂生。

提问:什么是螳螂生? 为什么小螳螂到芒种节气便开始孵化?

学生:芒种节气,温度升高,小螳螂破壳而出。

教师: 小螳螂随着温度的升高便破壳而出,这是生物对环境的一种适应。那螳螂的生殖发育有什么特点呢? 要经过哪些阶段?

学生: 螳螂的生殖发育属于变态发育,一生要经过卵、若虫、成虫三个阶段。

(2)芒种二候,鵙(jú)始鸣。

提问: "鵙",又叫伯劳鸟,是一种食肉的小型雀鸟,每到芒种节气,它就开始频繁的鸣叫(播放叫声),它鸣叫的目的是什么呢?

追问1: 这是鸟类的什么行为?

追问2: 鸟类还有哪些求偶行为?

(3)芒种三候,反舌无声。

教师: "反舌",即反舌鸟,它能效仿别的鸟叫,叫声婉转,韵律多变,因此又称百舌鸟。芒种时节,反舌鸟进入孵化期,不再仿效别的鸟叫,故称反舌无声。

还有一种说法认为,"反舌"指中华大蟾蜍,它的舌根长在口腔前面,舌尖向后,故为反舌,芒种时节中华大蟾蜍大量出来活动,因其没有鸣囊,故也为反舌无声。

【设计意图】 学生通过阅读教材了解古人总结的芒种三候,老师通过巧妙的提问引导学生思考三候中蕴藏的生物学知识。

(四)芒种"识"五谷

1.五谷的含义

教师: 五谷,原指我国古代所称的五种谷物,后泛指粮食作物。

对于"五谷"具体指哪五种粮食,古代有众多说法,其中最主要的记载有两种:

一种是麻、黍、稷、麦、菽(shū,豆类);

一种是稻、黍、稷、麦、菽。

因最初的经济中心在北方,水稻又主要产于南方,所以较早流行的"五谷"中没有稻。

2.芒种"识"五谷

提问：《论语》有云，"四体不勤，五谷不分，孰为夫子？"那么同学们能分清五谷吗？

学生活动：辨一辨、识五谷

活动要求：请同学们以小组为单位，交流讨论，辨别盘中是哪种谷物，并把标签与盘中的谷物对应，看哪个小组能又快又准的辨认出这些谷物，一会请小组派代表上来分享。

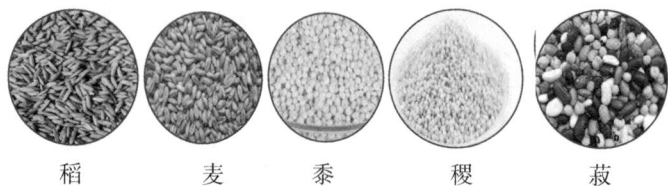

| 稻 | 麦 | 黍 | 稷 | 菽 |

【设计意图】学生通过将五谷实物与图片相对应，学会了辨认五谷，增加了生活常识。

3.揭秘水稻适应水生环境的结构

教师：五谷中的水稻生活在水田里，小麦等却在旱地栽培。如果碰上连续阴雨，又没能及时地把地里的积水排走，长时间的浸泡就可能会使作物的根部腐烂，最后导致死亡。而水稻长时间生活在含水量高的水田里，根却不会腐烂，这是为什么呢？难道水稻根有什么特殊结构吗？接下来就让我们一步一步去解密真相。

揭秘1：观察莲藕的气腔。

提问：借助实物介绍莲藕上密集的孔就是莲藕的气腔，气腔有什么作用呢？

教师：莲藕的气腔与中空的莲柄相连，与根相通，空气中的氧气通过莲叶的气孔，再通过中空的莲柄和莲藕的气腔为根输送氧气，保证了根部细胞氧气的供应，所以根部细胞就能正常地进行有氧呼吸。气腔就是莲对水生环境的一种适应。

【设计意图】从易观察的莲藕气腔出发，让学生明确气腔是莲对水生环境的一种适应,进而引导学生思考,与莲一样生活在水环境的水稻有没有气腔。

揭密2:制作并观察水稻根横切的临时切片。

提问:难道水稻的根也有像莲藕一样的气腔结构?接下来,就让我们一起走进水稻根的微观世界,通过实验进一步去揭示真相,制作并观察水稻根横切的临时切片。

(教师介绍实验目的和实验材料。)

播放视频:实验方法步骤。

小组活动:制作并观察水稻根横切的临时装片。

展示观察结果:投影展示学生观察的结果,如果学生没有观察到,展示教师课前在显微镜下观察到的水稻根横切临时装片图。

(教师区别图片中的导管和气腔。)

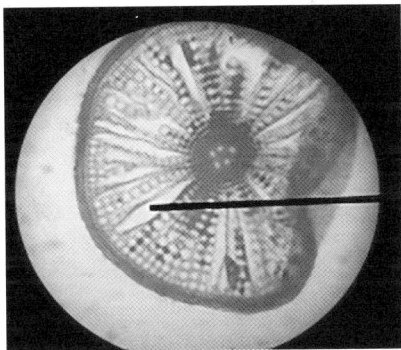

水稻根横切结构图(临时装片)

揭秘3:观察水稻根横切的永久装片。

小组活动:观察水稻根横切的永久装片。

揭密:同学们,水稻的气腔不但贯穿于水稻的根部,还与茎和叶的气腔相通,上下形成一个完善的通气系统,保证根部细胞的氧气供应。这就是为什么水稻生活在水里,却不烂根的原因。而小麦的根没有气腔,如果它的根在水中长时间浸泡,根部细胞就因为缺少氧气而进行无氧呼吸,产生酒精,从而烂根。

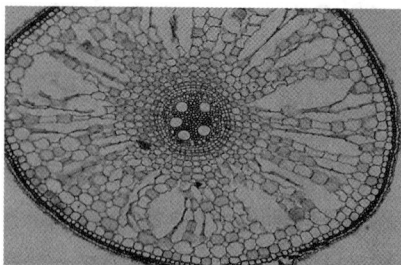

水稻根横切结构图(永久装片)

【设计意图】从制作并观察水稻根横切的临时装片到观察永久装片下的气腔,不仅锻炼了学生的动手操作能力,也让学生从微观的角度证实了气腔的存在,突破了本节课的重难点。

(五)总结与升华

总结:这堂课我们以三个篇章为线索,从生物学的视野,解锁了水稻适应水生环境的生物密码——气腔。

升华:生物的世界是如此奇妙,又神秘,希望同学们能更多地走进自然,去感受身边的物候变化,去解锁更多的生物密码。

(**注:**本设计获两江新区初中生物比赛一等奖。)

教学设计九

牛顿第三定律

张毅

一、教学目标

(1)知道力的作用是相互的,知道作用力与反作用力的概念。

(2)理解牛顿第三定律的确切含义,能用它解决简单的问题。

(3)通过对实验的分析,培养学生的独立思考能力和分析总结能力。

(4)通过鼓励学生动手、大胆质疑、勇于探索,提高学生自信心并养成科学思维习惯。

(5)激发学生探索的兴趣,养成科学探究的意识。

二、教学重、难点

(1)教学重点:知道物体间力的作用是相互的;理解牛顿第三定律的确切含义。

(2)教学难点:准确理解牛顿第三定律内容并能简单应用。

三、新课引入

教师:请看,这是一个空的易拉罐,老师突发奇想,在易拉罐上面打了几个孔,现在我把它放到水里,然后把它提起来。神奇的事情发生啦,易拉罐自己转动了起来。

提问:易拉罐为何会自己转动起来呢?

教师：易拉罐转动，说明它受到了力的作用，谁给它的？水流了出来，说明也受到了力的作用，那又是谁给它的呢？发生这种力的作用的时候，它们总是相互的，这样的例子生活中多吗？那这两个力间存在着怎样的关系呢？让我们一起走进今天的新课——牛顿第三定律。

四、新课教学

(一)力的作用是相互的

教师：比如说，脚踢足球，脚给球施加了力的作用，但脚也感觉到疼，说明球也给了脚力的作用。同学们，你们看我的演示（两个弹簧对拉）。

【演示实验1】两轻质弹簧对拉

教师：同学们都看到了什么呢？

教师：对，两个弹簧都发生了形变，那说明了什么呢？（说明都受到了力的作用。）那都是谁给的呢？

教师：为了分析，我们可以给两个弹簧进行受力分析（主要分析水平方向上的力），我们就可以发现两个弹簧彼此之间分别给了对方一个力的作用。那施力物体和受力物体都相同吗？

教师：那像这样的情形中，力的作用总是相互的，这样的两个力我们分别把它们叫做作用力和反作用力。这节课老师也为大家带来了几个这样的实例，请看。

【演示实验2】飞机起飞，纸屑飞溅

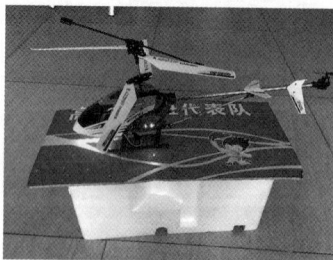

教师：这是一个小型遥控飞机，它可以在遥控器的控制下，实现上升和下降。让我们看一下。

问题1：遥控飞机是依靠什么飞上去的呢？

问题2：那飞机螺旋桨对空气有力的作用吗？（追问：你看见这个力了吗？）

教师：接下来老师在飞机下面放上一些小纸屑，同学们再注意看。

教师：现在你除了看到飞机起飞了，你还看到了什么啊？

问题3：那飞机起飞，纸屑为何会飞溅呢？（请学生分析原因。）

教师：对，因为空气给了螺旋桨一个力的作用，同时反过来螺旋桨也会给空气一个力的作用，故而纸屑飞溅。

【演示实验3】向放在电子秤上的水杯里放入物体，观察电子秤示数有什么变化。

教师：向水里放入一个重物，水会对重物产生浮力的作用吗？

问题4：那重物会对水也会产生力的作用吗？你看得见这个力吗？

教师：下面老师将水杯放在一个电子秤上，同学们可以看到这个电子秤现在的示数吗？接下来，老师将重物放到水里，同学们再注意观察电子秤的示数，你发现了什么？

问题5：电子秤的示数为何会增大呢？（请学生分析原因。）

教师：很好，在水对重物产生浮力的作用的时候，重物也给了水一个力的作用。

教师：由以上的例子，我们可以发现在发生力的作用的时候，力总是相互的，存在作用力与反作用力。

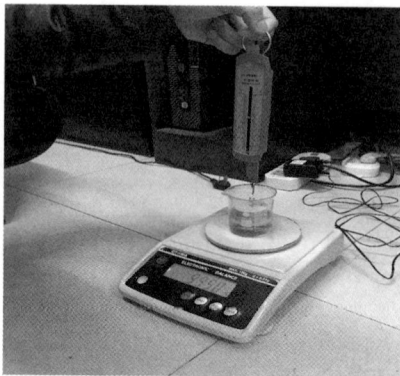

问题 6：那作用力与反作用力间到底存在着哪些关系呢？我们应该从哪几个方面去探究他们的关系呢？（提示：力的三要素。）

(二)作用力与反作用力的关系

【演示实验 4】遥控赛车在纸板上启动（纸板位于两个圆筒上），观察赛车启动过程中，下面纸板的运动情况。

教师：遥控赛车可以在遥控器的控制下，很好地在路面上运动，让我们一起看下。

问题 7：那赛车是依靠什么运动起来的呢？

问题 8：那赛车有没有给水平面一个力的作用呢？（追问：你看见这个力了吗？）

教师：接下来，注意看老师的操作，在水平板下面放上几个易拉罐，再让赛车在水平板上运动，同学们再观察。

教师：除了观察到赛车向前运动，你还看到了什么？

问题9:水平板为何会飞出去呢?

(请学生分析原因,并找到作用力与反作用力方向的关系。)

教师:对,水平面在给赛车一个摩擦力的同时,赛车也给了水平面一个摩擦力的作用。除了这些,你从赛车与纸板的运动方向,可不可以发现作用力和反作用力的方向是怎样的呢?

教师:很好,由此,我们得到一对作用力与反作用力的方向关系是相反的。

【分组实验】两个弹簧测力计对拉,观察两个弹簧测力计的示数。

教师:那作用力与反作用力还有没有其他关系呢? 我们可以接着往下看。现在同学们桌上都摆放有两个弹簧测力计,弹簧测力计是比较常见的测量力的大小的工具,今天我们就可以用它找出作用力与反作用力大小的关系。

教师:我们可以让两个弹簧测力计对拉,通过两个弹簧测力计的示数就能得到两个弹簧测力计之间的作用力与反作用力的大小,在拉的过程中,需注意以下几个方面:

(1)使用弹簧秤前先进行调零;

(2)拉伸弹簧秤时不能超过量程;

(3)将弹簧秤的拉力沿弹簧轴线方向,在水平桌面上拉动。

教师:接下来,同学们需要完成以下三种情况的对拉:(1)一个同学不动,另外一个同学拉动弹簧测力计;(2)另外那个同学不动,前面那个同学拉动弹簧测力计;(3)两个同学同时拉动弹簧。分别记录下三种情况下,两个弹簧测力计各自的示数。

问题:从你们组得到的数据看,能得到作用力与反作用力的大小存在着什么关系呢!

(学生回答。)

教师:很好,那除了作用力与反作用力在大小、方向上的关系? 你是否还能找到其他的关系呢?

（备案）教师（演示）：两个弹簧测力计对拉，当一个弹簧测力计移动的时候，另外一个弹簧测力计也会随之移动，始终保持在一条线上。即是表明作用力与反作用力始终在一条直线上。

教师：当然，以上的探究结果仍存在一定的误差，下面我们还可以借助更加准确的仪器来检验我们刚才的结论。

【演示实验5】利用力的传感器验证一对作用力与反作用力的大小关系和方向关系。

教师：力的传感器可以将力的信息转化为电信号，再传导给电脑，这样就可以在电脑上反映出关于力的信息。首先实验两个力的传感器在拉和压的时候，请从屏幕上观察拉力与压力的方向和大小是如何在图象上反映出来的。

教师：从图上，同学们可以看到随着图线的变化，力的大小和方向均在变化。

（教师演示学生观察教师在静止情况下拉动的图象情况，让学生参与运动情况下拉动力的传感器的情形。）

教师：关于一对作用力与反作用力之间的关系，由观察到的情况，老师期待你有什么话想告诉大家（备案：不仅大小相等、方向相反，与运动状态无关，还同时变化，即要变都变）。现在可以总结出一对作用力和反作用力的规律，称之为牛顿第三定律。请大家齐读一遍。

（三）牛顿第三定律

指出：我们也可以用数学表达式表示出来，即 $F=-F'$。

问题：定律表述中有一个关键词，你们发现了吗？你们认为意味着什么？（①不管物体大小形状如何；②不管物体的运动状态如何）

问题：刚刚同学们参与了探究过程，除了得到作用力与反作用力的大小、方向等关系，你还有其他更加深入的理解吗？（回顾前面的实验——性质相同。）

典例：试用力的平衡条件和牛顿第三定律证明放在水平地面的

物体对地面的压力等于物体的重力。

(四)作用力和反作用力与平衡力

教师:这里的重力和支持力就是同学们初中所学的平衡力,而支持力和压力是作用力和反作用力,这两对力看着很相似,让我们具体来对比下。

(五)课堂小结

教师:学习到这里,不知道同学们都有哪些收获? 同学们可以通过下面三个问题进行回顾。

(1)牛顿第三定律的内容是什么?

(2)作用力与反作用力的特点有哪些?

(3)作用力和反作用力与平衡力的异同。

五、板书设计

牛顿第三定律

一、物体间力的作用是相互的

作用力　反作用力

二、作用力与反作用力的关系

1. 方向相反

2. 大小相等

3. 作用在一条直线上

三、牛顿第三定律

1. 内容

2. 表达式:$F=-F'$

四、作用力和反作用力与平衡力的异同

(**注**:本设计获两江新区优质课比赛一等奖。)

教学设计十

篮球传切配合

吴显鹏

一、教材分析

篮球传切配合注重团队配合,简单实用,学生却较少运用。本课通过教师的逐步引导,学生的积极参与,使学生层层深入地理解摆脱防守人和行进间传接球的方法,并能够在传切配合中应用,从而使学生达到创造性的应用所学基础知识的能力水平。在教学过程中,以摆脱防守人和侧身跑传接球两条线层层深入,逐步导入。

二、教学目标

(1)了解传切配合的基本知识和实用意义,能说出传切、掩护等动作术语;90%以上的学生能初步掌握传切配合的方法并能运用到真实比赛中,其余同学也能在老师的帮助下完成相应的练习;运球、传接球、侧身跑、上篮等技术和传切、掩护等战术得到协调发展。

(2)积极参与以传切配合为主的比赛,并能在比赛中控制自己的情绪,正确对待比赛结果,合理利用休息间隙进行积极休息,有一定的安全运动意识。

(3)积极体验参与的乐趣,并养成坚韧不拔、挑战自我的精神,形成遵守规则、公平竞争的道德品质及相互交流、相互合作的精神品质;学练中充分展示自我,能主动帮助动作完成不佳的伙伴。

三、教学重难点

(1)重点:摆脱侧身切入,传球准确到位。

(2)难点:传接球时机的把握及在比赛中合理运用传切配合。

四、教学过程

(一)情境导入

教师:同学们,我们刚刚接到一个任务,要选拔一支队伍代表学校和两江新区去参加重庆市中小学生篮球比赛,本次比赛要求在比赛中应用传切配合战术,那么这节课我们就来学习传切配合并通过比赛选拔出参赛队伍。

提问:大家准备好了吗?

【设计意图】用学生比较期待的中小学生篮球比赛作为背景引入,让学生进入这个场景中进行学习,明确在此场景中要完成的任务和学习的具体内容。

(二)开始部分:准备热身

1.剪刀石头布摆脱游戏

所有学生散点跑 30 秒,熟悉篮球场的环境、器材,30 秒后,将学生分红蓝两队,红蓝两队队员听老师指令,两颜色相反的队员,见面作一个礼节动作或庆祝动作,再剪刀石头布,赢的进攻,输的防守,要积极应用急停、急起、变向摆脱动作,最后进攻摆脱次数最多的队伍获胜。

2.四角传球游戏

每队队员分成四组,每组队员站在正方形的四个角上,第一组排头的第一个队员将球传给第二组的排头第一名队员,传球队员马上跑向对角线,在中点接第二组第一名队员传球,然后行进间传给第三组排头队员,第三组第一名队员再将球传给第二组排头队员,以此类推。

提问:要掌握传切配合这个战术,首先应该掌握什么? 接着掌握什么?

【设计意图】通过两个游戏,让学生进一步认识和体验如何摆脱防守人,进一步掌握在行进间传接球的方法,为传切配合、完整配合打下基础。在课的开始部分进行这两个游戏,随着运动强度逐渐增大,进而达到热身的目的,在游戏中创新庆祝动作,对学生进行德育渗透,强调队员之间眼神、语言交流,提高团队协作能力,从而为达成教学目标打下基础。

(三)基本部分:传切配合

1.自主学习新战术

通过图示了解传切配合,带着问题分组练习传切配合、加上防守人的传切配合。

2.第一阶段,热身赛(消极防守)

在比赛中尝试应用传切配合,无传切配合得分无效。

3.第二阶段,选拔赛,分预赛、决赛两轮

在这两轮比赛中,以三对三、四对四的比赛形式进行传切配合,有传切配合得2分,有传切加上掩护、突分、反跑等综合配合得4分。

提问:通过前面的两个游戏,我们熟悉了摆脱防守人以及行进间传接球的要领,那么一个完整的传切配合是怎样的呢?

追问:我们学会了传切配合的完整配合后,用它来做什么呢?

【设计意图】在完成前面两个游戏的基础上,让学生进一步自主看题板分组练习完整传切配合,激发学生学习内驱力,提高学生自主学习能力。战术由分解到完整,再将完整战术配合运用于比赛中,比赛设计由消极防守到积极防守,由热身赛到选拔赛,由单一的传切配合战术到结合挡拆、反跑、突分配合战术的综合运用,符合本课层层递进的设计思路,也符合选拔队员参加市级篮球比赛的情景

需要,同时也符合运动规律的要求,整个过程逻辑思路清晰。

(四)课课练:体能练习

1.俯卧撑＋左右拉球＋传接球

方法:两人一组,面对面3米距离,一人左右篮球,一人做俯卧撑2个,然后传接球互换角色,传接球20个为一组,共完成两组。

2.抓篮板球＋运球绕圈＋传接球

方法:两人一组,面对面3米距离,一人徒手起跳做单手抓篮板球动作,一人运球绕圈一周回到起点,然后传接球互换角色,传接球20个为一组,共完成两组。

3.俄罗斯转体接传接球

方法:两人一组相距2米面对面坐下,两脚并拢悬空,一人持球做两次俄罗斯转体后将球传给同伴,传接球20次算一组,共完成两组。

提问:要取得比赛的胜利,除了有好的技术战术,还要有良好的什么来作支撑呢?

【设计意图】体能练习设计,主要遵循了这几个原则,为主教材作补充,如本课教材主要锻炼学生上下肢身体素质,在体能练习中就会设计腰腹部核心力量的练习,主教材没有训练到的一些素质,如平衡素质,就在体能练习部分进行补充;掌握本课练习进一步需要哪些身体素质作保证,在体能练习中进行设计,如抓篮板球、练弹跳力、传接球等。通过这些练习,进一步提高学生对主教材的掌控力。

(五)结束部分:放松练习

(1)一手夹住另一手上臂,拉伸肩关节。

(2)两手五指交叉,上举起踵。

(3)两手上举五指交叉,体侧拉伸腰部。

(4)两脚分开,五指交叉,触及一侧脚背,拉伸大腿后侧肌肉。

（5）单手扶住脚背，单脚站立，拉伸大腿前肌。

（6）释放激情，扶肩喊口号：礼嘉中学，加油加油加油！

【设计意图】 在大运动量运动后，进行身体的充分拉伸放松，能促进身体的超量恢复，降低身体疲劳感。在设计中，重点关注本节课运动中各肌肉关节的疲劳点，进行重点拉伸放松，同时在课的最后进行释放激情的口号呼喊，让学生身心得到放松的同时，进一步照应本课的选拔队员参加市级比赛的情景，对学生进行了德育教育和德育渗透，进一步提高学生的集体荣誉感。

（**注**：本设计获两江新区高中体育优质课比赛一等奖。）